O GUIA EXTREMAMENTE SIMPLES PARA O APPLE WATCH SERIES 9, SE E ULTRA

COMEÇAR A UTILIZAR O APPLE WATCH 2023 E O WATCHOS 10

SCOTT LA COUNTE

RIDICULOUSLY SIMPLE BOOKS

ANAHEIM, CALIFÓRNIA
www.RidiculouslySimpleBooks.com

Índice

Aviso Legal: Embora tenham sido feitos todos os esforços para garantir a exatidão, este livro não é aprovado pela Apple, Inc. e deve ser considerado não oficial.

INTRODUÇÃO

Descubra os pormenores e as funcionalidades intrincadas do relógio mais avançado da Apple, o Apple Watch Series 9. Quer seja um utilizador de primeira viagem ou um entusiasta experiente do Apple Watch, este guia oferece informações valiosas para uma experiência perfeita.

Por dentro do Guia:

- Introdução ao Apple Watch Series 9: Compreender as suas principais características e vantagens.
- O que há de novo no WatchOS 10
- As diferenças entre os diferentes relógios
- O que o Apple Watch Series 9, SE e Ultra podem (e não podem) fazer
- Monitorização da saúde e da forma física: Descubra as funcionalidades de saúde do relógio, incluindo sensores de oxigénio no sangue e de temperatura.

- Comunicação e notificações: Domine as funcionalidades de comunicação e personalize as suas notificações.
- Personalização: Personalize o seu relógio ao seu gosto.
- Ajudas visuais para dominar as ferramentas de comunicação e personalizar as notificações.
- Imagens pormenorizadas para o guiar na adaptação da estética e da funcionalidade do seu relógio.
- Utilizar o Apple Pay a partir do Apple Watch.
- Utilizar a Configuração da família.
- Utilizar a aplicação de lavagem de mãos.
- Controlo do sono.
- Encontrar, instalar, atualizar e remover aplicações do Apple Watch.

Para todos os que procuram adotar a tecnologia para se manterem ligados, saudáveis e activos, o Apple Watch Series 9 é o essencial dos tempos modernos. Mergulhe neste guia para maximizar a sua experiência com o smartwatch.

Está pronto para começar a desfrutar do seu novo Apple Watch? Então vamos lá começar!

Nota: Este livro não é aprovado pela Apple, Inc. e deve ser considerado não oficial.

[1]

Novidades para o Apple Watch

watchOS 10

Uma das melhores coisas de ter um dispositivo Apple são as actualizações gratuitas; normalmente, há uma grande atualização do sistema operativo uma vez por ano. Isto significa que, mesmo sem comprar um novo relógio, terá a maioria das melhores funcionalidades. Os relógios mais recentes podem ter uma ou duas funcionalidades exclusivas, mas a maior parte das alterações é feita ao hardware - o que significa que pode ser um pouco mais rápido, mas continuará a funcionar da mesma forma.

Então, o que torna o watchOS 10 melhor? Vamos dar uma olhadela a algumas das maiores funcionalidades disponíveis no watchOS 10.

Antes de mais, vamos falar da Smart Stack. Pense nela como o seu DJ de informações pessoais no mostrador do seu relógio. Pode escolher os seus widgets favoritos e ele roda-os, mostrando o que faz mais sentido no momento - quer seja a meteorologia, a sua próxima reunião ou a forma como está a atingir (ou não) os seus objectivos de fitness.

Seguinte: Gestão de dispositivos móveis (MDM). Em termos leigos? As empresas podem configurar e proteger remotamente os seus Apple Watches. Implementar aplicações, ajustar definições, garantir que tudo está mais bem fechado do que o Fort Knox - está tudo lá.

Para os adeptos de actividades ao ar livre - ciclistas e caminhantes, estou a olhar para vocês - o watchOS 10 está ao vosso alcance com novas funcionalidades de monitorização. Potência de saída, ganhos de elevação, zonas de ritmo cardíaco; tem tudo para garantir que os seus passeios e caminhadas não são apenas seguros, mas também uma forma de melhorar o seu jogo.

Existem também algumas actualizações mais pequenas, do tipo "under-the-hood", incluindo: Melhor duração da bateria (porque ninguém tem tempo para carregar constantemente), desempenho mais rápido (porque quem é que gosta de esperar?), novo feedback háptico (porque quem é que não gosta de sentir um toque suave no pulso?) e suporte para novos idiomas (multilingue para ganhar!).

Alterações na interface das aplicações

Alarmes - Está quase na mesma, só que maior. Como se tivesse tido um surto de crescimento durante a noite.

App Store - O botão Procurar? Agora está a brincar às escondidas no canto superior esquerdo. Além disso, os títulos das imagens parecem agora amigos, tornando a navegação mais suave.

Calendário - As cores foram melhoradas um pouco. E o botão "Adicionar novo"? Foi movido da cobertura para a cave.

Contactos - Formas mais rápidas de adicionar contactos ou espreitar o "Meu cartão". Por falar nisso, "O meu cartão" é agora amigo da funcionalidade NameDrop do relógio.

Ritmo cardíaco - Tem este grande coração a bater no ecrã. Deslize para baixo e é como se fosse o diário do seu coração com o ritmo de repouso, a média de caminhada e muito mais.

Página inicial - As câmaras são o centro das atenções, e os botões? Desta vez, os tamanhos estão correctos.

Mail - Querem que leia mais do que escreva. O botão "Compor" está a desaparecer.

Mensagens - Os seus contactos têm agora fotografias de perfil! É como um mini Facebook.

Música - Colocaram a tónica no botão "Ouvir agora", ligando-o rapidamente a músicas de arrasar.

Notícias - Grandes títulos e imagens. E agora pode deslocar-se para cima e para baixo como se estivesse a ler um mini jornal.

Ruído - Medidor de decibéis maior e indica se o som é fixe ou não com um pequeno ecrã de cor de fundo.

Now Playing - A arte dos álbuns ficou mais humilde e os controlos foram para o ginásio. Ah, e o botão AirPlay? Está a apanhar banhos de sol lá em cima.

Fotografias - Destaque para os seus favoritos e características.

Podcasts - Ele conhece-te! Abre para o teu último episódio reproduzido. Além disso, algumas recomendações sólidas.

Controlo remoto - Ver mais dispositivos e reprodução? É como a via rápida numa autoestrada.

Dormir - Mostra como dormiu, mas se é adepto da rotina, toque no alarme para aceder ao seu horário.

Cronómetro - Sem disparates. Abre diretamente para a ação do cronómetro.

Temporizadores - Botões rápidos para temporizadores predefinidos e um grande "+" para quando se sentir específico.

Meteorologia - É como uma mini galeria de arte meteorológica. O fundo e uma tabela de cores ajudam-no a avaliar o clima do dia.

Treino - Novas cores e alguns ajustes. Por exemplo, exercícios "abertos"? Agora são mesmo abertos.

Relógio mundial - É tudo sobre o sítio onde se está. Mas um toque? E teletransporta-se para ver as horas noutros locais. E o fundo? É um elemento que define o estado de espírito, ajustando-se ao local onde se está a espreitar.

Dispositivos compatíveis

Há um senão para estas actualizações gratuitas: tem de ter um dispositivo compatível. A boa notícia é que, mesmo que seu relógio tenha alguns anos, ele ainda deve se qualificar. Abaixo está uma lista de dispositivos que funcionarão com o watchOS 10.

- Apple Watch Series 4
- Apple Watch Série 5
- Apple Watch SE
- Apple Watch Série 6
- Apple Watch Series 7
- Apple Watch Series 8
- Apple Watch Series 9
- Apple Watch Ultra
- Apple Watch Ultra 2

Tantos relógios

O Apple Watch está disponível em várias séries diferentes. Todos os relógios - desde o Apple Watch original até ao Series 9 e Ultra - são compatíveis com qualquer bracelete da geração anterior (no entanto, *algumas* braceletes mais recentes só são compatíveis com o SE e o Series 6 e superiores). Por isso, se tiver um Apple Watch original, pode continuar a usar a bracelete cara que comprou. Também é possível encontrar braceletes de terceiros muito mais baratas na Amazon e noutros retalhistas online.

A pulseira Milanese Loop da Apple, por exemplo, é vendida por 149 dólares; o exemplo abaixo tem o mesmo aspeto, mas custa menos de 20 dólares! A qualidade não é a mesma, mas se quiser apenas algo com bom aspeto, esta pode ser uma boa opção. Abordarei as pulseiras com mais pormenor no final deste livro.

Cada versão do relógio está disponível em dois tamanhos: 38 mm e 42 mm nos modelos anteriores, e 40 mm e 44 mm nas Séries 4 a 6 (e SE). Cada versão também está disponível em alumínio, aço inoxidável e titânio - o titânio é o mais caro.

Qual é a grande diferença?

Os smartwatches são como os telemóveis: há muitas opções e existem em todo o tipo de formas e tamanhos - e marcas. Olhando para eles lado a lado, pode por vezes ser impossível distingui-los. Nesta secção, vou tentar dar algum sentido à loucura e ajudá-lo a distingui-los, para que saiba qual é o melhor relógio para si e para o seu estilo de vida.

Ao contrário dos telemóveis, em que as pessoas fazem actualizações por vezes todos os anos para obterem as melhores e mais recentes funcionalidades, com os relógios, é provável que fique satisfeito com o relógio que tem durante, pelo menos, dois anos - talvez até três ou quatro.

Apple Watch Series 9 vs Apple Watch Ultra 2

O primeiro ponto de partida são os dois relógios principais: o Series 9 normal e o Ultra 2.

Este é um relógio muito fácil de vender. Se for um atleta sério e praticar desportos muito exigentes (ou seja, mergulho profundo, alpinismo, etc.), ficará satisfeito com o Ultra 2; se quiser o relógio para coisas mais básicas e exercícios mais fáceis, ficará bem com o Series 9 normal. A razão é que o Ultra 2 é essencialmente um relógio mais forte - foi concebido para aguentar choques mais fortes e exercícios intensos.

Há diferenças óbvias de tamanho que são mais uma preferência (há quem goste de um ecrã maior e quem não goste), mas e o interior? Quais são as diferenças?

Começando pela estética e construção, o Series 9 apresenta uma estrutura em aço inoxidável, frente em vidro e traseira em cerâmica/cristal de safira, pesando entre 42,3g e 51,5g. Possui uma certificação IP6X e resistência à água de 50 m, garantindo fiabilidade em diversas condições.

Em contrapartida, o Ultra 2 adopta uma construção mais robusta e premium, utilizando uma estrutura de titânio e cristal de safira à frente e atrás. O peso adicional de 61,4 g é indicativo da sua construção mais robusta. Impressionantemente, possui certificação MIL-STD 810H, oferece resistência à água a 100 m e é adequado para nadar e mergulhar até 40 m, demonstrando a sua durabilidade superior e versatilidade em ambientes extremos.

O Apple Watch Series 9 está equipado com um ecrã OLED LTPO Retina, com um brilho máximo de 2000 nits e uma resolução de 484 x 396 píxeis (densidade de ~326 ppi). Isto garante imagens vibrantes e nítidas, complementadas pela proteção do vidro de cristal de safira e uma funcionalidade de ecrã sempre ligado.

O Ultra 2, no entanto, melhora o jogo, atingindo um pico de brilho de 3000 nits e uma resolução superior de 502 x 410 píxeis (densidade de ~338 ppi). O brilho e a resolução melhorados traduzem-se numa maior visibilidade e nitidez, especialmente sob luz solar direta.

Ambos os relógios são alimentados pelo chipset S9 da Apple e funcionam com o watchOS 10, garantindo um desempenho suave e reativo em todas as aplicações. A CPU dual-core e a GPU PowerVR são consistentes nos dois modelos, proporcionando uma experiência de utilizador perfeita e capacidades multitarefa eficientes.

No que diz respeito às funcionalidades, ambos os modelos estão equipados com uma série de sensores e capacidades, incluindo um acelerómetro, giroscópio, monitor de ritmo cardíaco, barómetro, altímetro sempre ligado, bússola, SpO2, VO2max e deteção da temperatura corporal com uma precisão de 0,01°. Comandos em linguagem natural, ditado e suporte para Ultra Wideband 2 (UWB) são também funcionalidades partilhadas.

No entanto, o Ultra 2 introduz sensores adicionais, incluindo a deteção da temperatura da água e um medidor de profundidade com uma precisão de ±1 m, tornando-o numa escolha superior para mergulhadores e nadadores. O alcance alargado do altímetro sempre ligado (-500 m a 9000 m) distingue-o ainda mais como um companheiro versátil para aventureiros e entusiastas da boa forma física.

Ambos os relógios dispõem de altifalantes, mas o Ultra 2 possui altifalantes duplos com uma saída de 86 decibéis, proporcionando uma experiência de áudio mais rica e mais alta. As opções de conetividade, incluindo Wi-Fi, Bluetooth, NFC e vários sistemas de posicionamento, são consistentes em todos os modelos, garantindo uma localização precisa e um emparelhamento perfeito com outros dispositivos.

O Ultra 2 tem uma vantagem distinta na capacidade da bateria, com uma bateria não amovível de iões de lítio de 542 mAh em comparação com os 308 mAh do Series 9. O Ultra pode durar até 36 horas de bateria - o Series 9 dura cerca de 18 horas.

Apple Watch Ultra 2 vs. Apple Watch Ultra

Assim, pode dizer-se que o Ultra 2 é o telemóvel mais robusto; mas será que vale a pena actualizá-lo se tiver o modelo do ano passado? Vamos descobrir.

À primeira vista, tanto o Apple Watch Ultra como o Ultra 2 mantêm uma estética muito semelhante, com dimensões idênticas (49 x 44 x 14,4 mm) e pesos quase idênticos (61,3 g e 61,4 g, respetivamente). Ambos os modelos apresentam uma construção premium com frentes em cristal de safira, costas em cerâmica/cristal de safira e molduras em titânio resistente.

As especificações do ecrã permanecem constantes em termos de tamanho e resolução, com ambos os modelos a apresentarem um ecrã OLED Retina LTPO de 1,92 polegadas e uma resolução de 502 x 410 pixels (~338 ppi de densidade). No entanto, o Ultra 2 dá um salto em termos de luminosidade, oferecendo um pico de 3000 nits em comparação com os 2000 nits do Ultra original. Assim, o Ultra 2 vai ter um desempenho muito melhor sob a luz solar intensa.

Por baixo do capô, o Ultra 2 está equipado com o chipset Apple S9, um passo à frente do chipset S8 do Ultra original. Ambos os modelos incluem um CPU dual-core e uma GPU PowerVR. O Ultra 2 vem com o watchOS 10, enquanto o Ultra original, lançado com o watchOS 9.0, pode ser atualizado para o watchOS 10. O chipset avançado do Ultra 2 significa que vai trabalhar mais e mais depressa; mas o desempenho do primeiro Ultra vai certamente agradar-lhe.

Uma das actualizações notáveis no Ultra 2 é a duplicação da capacidade de armazenamento interno. O modelo mais recente oferece uns generosos 64 GB, em comparação com os 32 GB do Ultra original.

Ambos os modelos estão bem equipados com funcionalidades de conetividade, incluindo Wi-Fi, Bluetooth 5.3, NFC e suporte para vários sistemas de posicionamento. No entanto, o Ultra 2 introduz o suporte para Ultra Wideband 2 (UWB), uma melhoria em relação ao UWB padrão do modelo original. Este avanço promete uma perceção espacial mais precisa e uma melhor comunicação ponto-a-ponto entre dispositivos.

Em termos de duração da bateria, ambos os modelos incluem uma bateria não amovível de iões de lítio de 542 mAh, com suporte para carregamento sem fios. O Ultra 2, no entanto, promete obter mais 12 horas de autonomia.

Vale a pena fazer a atualização? Se quiser o melhor e mais recente, sem dúvida! Mas, na realidade, se tiver o primeiro Ultra, ficará satisfeito com o seu modelo atual.

Apple Watch Series 9 vs Apple Watch Series 8

Acabámos de ver a diferença entre os relógios mais potentes; o que acontece com os normais? Se tem o Série 8, deve atualizar para o Série 9? Vamos dar uma olhadela!

A continuidade do design é um tema notável, uma vez que a Série 9 e a Série 8 mantêm dimensões (45 x 38 x 10,7 mm) e pesos idênticos (42,3 g para 41 mm e 51,5 g para 45 mm).

Ambos os modelos têm um ecrã OLED Retina LTPO de 1,9 polegadas com uma resolução de 484 x 396 pixels (densidade de ~326 ppi). No entanto, o Series 9 aumenta significativamente os níveis de brilho, oferecendo um pico de 2000 nits em comparação com os 1000 nits do Series 8. Isto significa que o Series 9 será muito mais fácil de ler sob luz solar intensa.

O Apple Watch Series 9 é alimentado pelo novo chipset Apple S9, enquanto o Series 8 é equipado com o chipset S8. O que é que isso significa? O Series 9 vai fazer as coisas um pouco mais rápido.

Uma atualização notável é encontrada no departamento de armazenamento, com o Series 9 a ostentar 64 GB de armazenamento interno, um aumento significativo em relação aos 32 GB do Series 8. Esta melhoria permite aos utilizadores armazenar mais aplicações, música e dados diretamente no dispositivo, o que é particularmente benéfico para aqueles que levam um estilo de vida ativo e móvel.

Ambos os modelos são excelentes em termos de opções de conetividade, com Wi-Fi, Bluetooth 5.3, NFC e suporte para vários sistemas de posicionamento. O Series 9 introduz o suporte para Ultra Wideband 2 (UWB), um avanço em relação ao UWB padrão do Series 8, prometendo uma melhor perceção espacial e comunicação entre dispositivos.

Ambos os relógios continuam a dar ênfase à saúde e à boa forma física com um conjunto abrangente de sensores para monitorizar várias métricas, incluindo o ritmo cardíaco, SpO2, VO2-max e temperatura corporal. A certificação ECG e a deteção de temperatura com uma precisão de 0,01° realçam ainda mais o seu foco na monitorização da saúde.

O Apple Watch Series 9, embora espelhe o Series 8 em termos de design e dimensões, apresenta várias melhorias, incluindo um ecrã mais brilhante, um chipset avançado e uma capacidade de armazenamento duplicada. A introdução do suporte para Ultra Wideband 2 (UWB) distingue ainda mais o Series 9. Embora ambos os modelos continuem a ser escolhas atraentes para os entusiastas da tecnologia, aqueles que procuram a experiência mais brilhante e optimizada poderão considerar o Series 9 uma atualização válida. Mas, mais uma vez, se tiver o Series 8, provavelmente ficará satisfeito com o que tem.

Do Apple Watch Series 9 ao Apple Watch SE (2022)

Há um último relógio para comparar: o SE. O SE é um modelo mais barato que a Apple normalmente actualiza de dois em dois anos. No entanto, mais barato não significa mau. Vamos ver o que significa exatamente nesta secção.

À primeira vista, ambos os relógios exibem o design caraterístico da Apple, mas com diferenças subtis. O Series 9 tem dimensões de 45 x 38 x 10,7 mm, ligeiramente maiores do que os 44 x 38 x 10,7 mm do SE. O Series 9 é mais pesado, mas compensa com uma construção premium que inclui uma estrutura em aço inoxidável e uma parte traseira em cerâmica/cristal de safira, em comparação com a estrutura em alumínio mais leve do SE e a parte traseira em plástico/cristal de safira.

O Apple Watch Series 9 possui um ecrã OLED Retina LTPO de 1,9 polegadas, com um pico de brilho de 2000 nits, garantindo imagens vivas e nítidas mesmo sob luz solar direta. Em comparação, o SE tem um ecrã ligeiramente mais pequeno, de 1,78 polegadas, com um pico de brilho de 1000 nits. Além disso, o Series 9 vem com proteção de vidro de cristal de safira, enquanto o SE tem vidro reforçado com Ion-X. O que é que isso significa? O Series 9 é um pouco mais robusto e resistente a riscos, e será mais fácil de ver em condições de sol intenso.

No que diz respeito ao armazenamento, o Series 9 duplica a capacidade com 64 GB em comparação com os 32 GB do SE, permitindo mais aplicações e dados.

Ambos os relógios são excelentes em termos de conetividade, com Wi-Fi, Bluetooth 5.3, NFC e suporte para vários sistemas de posicionamento. No entanto, o Series 9 introduz o suporte para Ultra Wideband 2 (UWB), melhorando a perceção espacial e a comunicação entre dispositivos.

Em termos de monitorização da saúde e da condição física, o Series 9 oferece um conjunto mais abrangente de sensores, incluindo certificação ECG, SpO2, VO2max e deteção avançada de temperatura, tornando-o um companheiro mais versátil para os entusiastas da saúde.

O Apple Watch Series 9 e o Apple Watch SE (2022) demonstram o empenho da Apple em combinar estilo e funcionalidade. Enquanto o SE se destina a utilizadores que procuram características essenciais com uma abordagem económica, o Series 9 surge como uma escolha premium, oferecendo um ecrã mais brilhante e maior, qualidade de construção superior, desempenho melhorado e funcionalidades avançadas de monitorização da saúde. Se está a comprar o relógio sobretudo para cuidar da saúde, provavelmente ficará satisfeito por ter pago mais pelo relógio normal; se tem um orçamento limitado e se preocupa sobretudo com a boa forma física, o SE fará o que precisa. O SE também é frequentemente promovido para famílias - um relógio que o seu filho pode usar para se manter em contacto consigo, para que não precise do telemóvel.

Apple Watch vs. as outras marcas

Já vimos como é que a Apple se comporta contra a Apple. E as outras marcas? Nomeadamente a Google e a Samsung. Vamos dar uma vista de olhos nesta secção, mas deixe-me dizer isto primeiro: se tem um iPhone, precisa de um Apple Watch; se tem um telemóvel Android, precisa de um relógio Android (ou seja, Google e Samsung). Isto porque o relógio comunica com o telemóvel e não existe uma forma fácil de utilizar um Apple Watch num telemóvel Android e vice-versa.

Apple Watch Series 9 vs. Google Pixel Watch

O Apple Watch Series 9 apresenta um design elegante com dimensões de 45 x 38 x 10,7 mm e está disponível em duas variantes de peso, 42,3 g e 51,5 g, para as versões de 41 mm e 45 mm, respetivamente. O relógio tem uma estrutura em aço inoxidável, uma frente em vidro e uma parte traseira em cerâmica/cristal de safira, garantindo uma certificação IP6X e resistência à água até 50 m.

Em contraste, o Google Pixel Watch apresenta um design mais simétrico com dimensões de 41 x 41 x 12,3 mm e um peso mais leve de 36 g. A sua construção inclui uma estrutura em aço inoxidável e a parte frontal em Gorilla Glass 5, prometendo durabilidade e resistência à água de 50 m ao abrigo da certificação IP68.

A Apple assume a liderança na tecnologia de visualização com um ecrã OLED Retina LTPO, que oferece um impressionante pico de brilho de 2000 nits num ecrã de 1,9 polegadas. A resolução é de 484 x 396 píxeis (densidade de ~326 ppi) e está protegido por vidro de cristal de safira, o que aumenta a nitidez e a durabilidade.

O Pixel Watch tem um ecrã AMOLED mais pequeno, de 1,2 polegadas, com um brilho máximo de 1000 nits e uma resolução de 450 x 450 píxeis (densidade de ~320 ppi). A proteção Corning Gorilla Glass 5 garante que o ecrã se mantém resistente a riscos e danos.

O Apple Watch Series 9 oferece uns generosos 64 GB de armazenamento interno, duplicando a capacidade do Google Pixel Watch, que vem com 32 GB. Isto significa mais espaço para aplicações, música e outros dados no Apple Watch, aumentando a sua utilidade para os utilizadores que precisam de mais armazenamento em movimento.

Ambos os relógios estão equipados com uma variedade de sensores, incluindo um acelerómetro, giroscópio, monitor de ritmo cardíaco, altímetro, bússola e SpO2, destinados a entusiastas da saúde e do fitness. No entanto, o Apple Watch Series 9 vai mais longe com funcionalidades como a certificação ECG, VO2max, deteção da temperatura corporal com uma precisão de 0,01° e um altímetro sempre ativo, proporcionando uma experiência de monitorização da saúde mais abrangente.

Tanto o Apple Watch Series 9 como o Google Pixel Watch oferecem funcionalidades robustas e designs elegantes, tornando-os escolhas atractivas para os entusiastas da tecnologia. O Apple Watch destaca-se pela qualidade do ecrã, capacidade de armazenamento, funcionalidades de saúde e conetividade, o que o torna um pacote completo para quem investe no ecossistema Apple.

Apple Watch Series 9 vs. Samsung Galaxy Watch 6

O Apple Watch Series 9 tem um design elegante e sofisticado com dimensões de 45 x 38 x 10,7 mm. Possui uma estrutura em aço inoxidável, frente em vidro e traseira em cerâmica/cristal de safira, pesando 42,3 g (41 mm) e 51,5 g (45 mm). O relógio tem certificação IP6X, oferecendo resistência à água até 50 m e certificação ECG.

O Samsung Galaxy Watch 6 apresenta uma estética ligeiramente diferente, com dimensões de 42,8 x 44,4 x 9 mm e uma estrutura em alumínio. É mais leve do que o seu homólogo da Apple, pesando 33,3 g (44 mm) e 28,7 g (40 mm), e vem com conformidade MIL-STD-810H*, resistência à água IP68, certificação ECG e um monitor de tensão arterial.

A Apple lidera com um ecrã OLED Retina LTPO de 1,9 polegadas, com um brilho máximo de 2000 nits e uma resolução de 484 x 396 pixéis (densidade de ~326 ppi). A proteção em vidro de cristal de safira e a funcionalidade de ecrã sempre ligado contribuem para uma experiência de visualização de qualidade superior.

Em comparação, a Samsung oferece um ecrã Super AMOLED de 1,5 polegadas com uma resolução de 480 x 480 pixels (densidade de ~453 ppi). Embora mais pequeno, o ecrã é nítido, vibrante e está protegido por cristal de safira, garantindo durabilidade e clareza.

O armazenamento é um fator de diferenciação significativo entre os dois. O Apple Watch Series 9 oferece uns substanciais 64 GB de armazenamento interno, quadruplicando os 16 GB do Galaxy Watch 6. Esta diferença traduz-se em mais espaço para aplicações, música e outros dados, favorecendo os utilizadores que necessitam de grandes capacidades de armazenamento.

Ambos os relógios estão repletos de funcionalidades orientadas para a saúde e a boa forma física, incluindo um acelerómetro, giroscópio, monitor de ritmo cardíaco, barómetro e bússola. Além disso, o Apple Watch oferece SpO2, VO2max, deteção da temperatura corporal com uma precisão de 0,01° e um altímetro sempre ativo.

A Samsung acrescenta um toque único com um monitor de tensão arterial e um termómetro de temperatura da pele, proporcionando uma experiência de acompanhamento da saúde mais diversificada. Ambos os relógios também suportam comandos e ditados em linguagem natural, melhorando a interação com o utilizador.

O Apple Watch Series 9 e o Samsung Galaxy Watch 6, ambos repletos de funcionalidades e tecnologia de ponta, são os principais concorrentes no mercado dos smartwatches. A Apple destaca-se pela sua tecnologia de ecrã, armazenamento extenso e funcionalidades de saúde abrangentes, que se alinham com os utilizadores profundamente integrados no ecossistema Apple.

[3]

COMPREENDER O QUE O APPLE WATCH PODE (E NÃO PODE) FAZER

Este capítulo abordará:

- O que o Apple Watch não faz
- O que o Apple Watch fará sem um iPhone por perto
- O que o Apple Watch fará em Wi-Fi sem um iPhone por perto
- Isto e aquilo

Quando pensa no relógio, pode ter certas expectativas - talvez seja ver Netflix a partir do seu pulso ou FaceTime com os seus amigos. Por isso, antes de continuar a falar sobre o funcionamento do relógio, deixe-me abordar rapidamente as principais coisas que o relógio não pode fazer (que algumas pessoas pensam que pode) - e o que pode fazer.

COISAS QUE O APPLE WATCH NÃO FAZ...

- Reproduzir vídeos; pode reproduzir clips muito pequenos, mas não pense em ver *O Senhor dos Anéis* no seu pulso.
- O Apple Watch pode escrever mensagens com o teclado de ecrã inteiro incorporado. Todos os outros relógios? Terá de escrever à mão e ditar (mais sobre isso adiante)
- Jogar jogos; embora existam jogos no Apple Watch, o relógio é um companheiro do telemóvel e destina-se a ver mensagens curtas... e não a jogar. Portanto, sim, pode jogar jogos, mas não é o que pretende para satisfazer as suas necessidades de jogo.
- Sincronizar com telemóveis que não sejam da Apple; o Apple Watch não funciona com nenhum telemóvel que não seja o iPhone. A Configuração Familiar adicionou um grande *mas* aqui. Com a Configuração para a família, pode

utilizar o iPhone para configurar outros relógios, o que significa que, teoricamente, pode utilizá-lo sem um iPhone, o que é ótimo para crianças e alguns adultos. Mas se gosta mesmo de fitness, provavelmente vai querer ter a opção de o sincronizar com o seu telemóvel e, se não for utilizador de iPhone, isso não será possível.

- Funciona com telemóveis mais antigos; o Apple Watch é para iPhone 5 e superior.
- Funciona com auscultadores tradicionais; não existe uma entrada de áudio no Apple Watch. Funciona com auscultadores mas estes não estão incluídos no relógio.
- Tirar uma fotografia; pode ver fotografias no relógio - pode mesmo utilizá-lo como um visor externo para tirar uma fotografia no iPhone - mas o relógio não tem câmara incorporada.

Apple Watch sem um iPhone por perto

Para que fique bem claro, é necessário ter um iPhone para utilizar o Apple Watch (a menos que esteja a utilizar a Configuração familiar). O relógio não é compatível com o Android ou qualquer outro smartphone. Mas não é necessário levar o iPhone para todo o lado para utilizar o relógio. E se tiver rede móvel no relógio, pode fazer mais coisas sem ter o telemóvel por perto. Aqui estão algumas das coisas que pode fazer se não tiver o seu telemóvel por perto:

- Definir a hora.

- Reproduzir música (pode colocar até 2 GB de músicas no seu relógio... por outras palavras, são cerca de 500 músicas).
- Acompanhe a sua corrida/exercício - manterá um registo de coisas como calorias queimadas, ritmo cardíaco e distância/ritmo, e depois sincronizará com o seu telemóvel quando o tiver novamente por perto.
- Registe o seu tempo em pé e os seus passos.
- Ver as suas fotografias - 75 MB estão reservados para fotografias.
- Ler, apagar e assinalar as mensagens de correio eletrónico recebidas.
- Utilizar o alarme, o cronómetro e o temporizador.
- Utilize o Passbook para mostrar bilhetes (como um bilhete de avião ou de concerto).
- Utilizar o Apple Pay para comprar coisas.

Wi-Fi Sem iPhone

E aqui está o que pode fazer se não tiver o seu telemóvel, mas tiver Wi-Fi:

- Enviar e receber mensagens de texto e utilizar mensagens tácteis digitais (ou seja, desenhar e tocar em padrões para enviar como mensagem).
- Utilizar a Siri.

Isto e aquilo

Algumas outras coisas que talvez precise de saber sobre o relógio...

- São necessárias cerca de duas horas para carregar totalmente o Apple Watch.
- Consome a bateria do iPhone... mais ou menos; como o relógio comunica com o telemóvel, a bateria do telemóvel é utilizada. Não é significativo, mas é o suficiente para que, ao fim do dia, se note que 30 minutos ou uma hora de utilização que costumava ter desaparecem.
- Há uma funcionalidade no dispositivo chamada "Taptic Engine" (motor tático) - que soa bem, certo? Mas o que é? O Taptic Engine permite-lhe receber no pulso um feedback que parece que alguém lhe está a tocar.
- Pode utilizá-lo como um telefone... mais ou menos. Sim, parece muito Dick Tracy receber chamadas telefónicas no pulso, mas não fique muito entusiasmado - é um pouco estranho de utilizar; para tirar o máximo partido dele, tem mesmo de o levar à boca. E o áudio que sai dos altifalantes é, na melhor das hipóteses, inferior.
- Diz as horas! Bem, sim - provavelmente já sabia isso. Mas também diz as horas com muita precisão (até 50 milissegundos), o que faz dele um dos relógios mais precisos alguma vez fabricados.

[4]

COMO É QUE EU CONFIGURO ESTA COISA?

Este capítulo abordará:

- Configurar o Apple Watch pela primeira vez
- Restaurar a partir de um Apple Watch de geração anterior

Este capítulo trata de o tirar da caixa e de o configurar pela primeira vez. Talvez se sinta perfeitamente à vontade para o fazer sem ler como.

Se for esse o caso, avance para o próximo capítulo - não perderá nada aqui.

O processo é bastante simples, mas se quiser uma explicação sobre o que está realmente a fazer em cada passo - como a razão pela qual pergunta sobre a privacidade - então continue a ler.

Não gosto muito de desembalagens. Só de olhar para a caixa é que se sabe o que está na caixa. Mas com o mais recente Apple Watch, há algo muito importante que vale a pena salientar sobre a caixa. Não é o que está lá dentro... é o que *não está* lá dentro. Um adaptador de carregamento! O cabo de carregamento está, no entanto, incluído.

Num esforço para ser mais amiga do ambiente, a Apple deixou de incluir adaptadores de carregador na caixa do aparelho.

Se precisar de comprar um, o adaptador oficial custa 19 dólares. Pode comprar adaptadores não oficiais mais baratos, mas como não são aprovados pela Apple, utilize-os por sua conta e risco.

Se estiver apenas a atualizar o seu relógio, pode fazê-lo no próprio relógio (já não tem de o fazer no iPhone, como acontecia nos relógios anteriores); basta ir à aplicação Definições > Geral > Atualização de software.

NOTA AOS UTILIZADORES QUE ESTÃO A ACTUALIZAR: *Se estiver a atualizar o iPhone e o relógio a partir de um sistema operativo anterior, é possível que tenha de reformatar o relógio para o sincronizar. Se isso acontecer, a partir do relógio, tem de ir a Definições > Geral > Repor; em seguida, toque em Apagar todo o conteúdo e definições.*

Configurar as coisas

Depois de tirar o relógio da caixa, prima o botão lateral para o ligar. É apresentado o seguinte ecrã:

Uma vez que o Apple Watch não tem teclados (exceto no Series 7 e superior - mas não na configuração), a configuração é um pouco invulgar em comparação com outros produtos Apple. Na verdade, a configuração do relógio não começa com o relógio, mas com o iPhone.

Se não estiver a utilizar o iPhone com iOS 12 ou superior, a primeira coisa que tem de fazer é atualizar o seu telefone (idealmente, pretende o iOS 14 no seu iPhone). Também precisa de, pelo menos, um iPhone 5 - qualquer coisa inferior não será compatível. Para ver se o seu telefone precisa de ser atualizado, vá a Definições no iPhone, depois a Geral e, por fim, a Atualização de software-diz-lhe se o seu telefone está atualizado.

Se tiver tudo atualizado, aceda à aplicação Watch e toque em Iniciar emparelhamento. Isto dá-lhe o ecrã de configuração abaixo.

Coloque o seu relógio (certifique-se de que está ligado) dentro dessa caixa quadrada. Verá que o seu relógio tem agora uma imagem em movimento no ecrã. Dentro de alguns segundos, o ecrã indicará que o relógio está emparelhado.

A partir daqui, pode Restaurar a partir de uma cópia de segurança ou Configurar como um novo relógio. Se nunca teve um Apple Watch (ou se pretende começar do zero), seleccione a segunda opção. Se já teve gerações anteriores, seleccione a primeira (isto irá colocar todas as suas preferências do relógio antigo no novo relógio). Partindo do princípio de que está a configurá-lo como um relógio novo, o ecrã seguinte perguntará se está a usar o relógio no pulso esquerdo ou direito. Com base na sua resposta, a orientação do relógio será alterada (pode alterar isto mais tarde).

De seguida, terá de concordar com os termos. Não hesite em lê-los na íntegra - depois dê-os ao seu advogado para lhe perguntar o que pensa... ou carregue em Concordar como toda a gente. Depois de concordar com os termos, irá receber uma mensagem que lhe diz que algumas aplicações irão utilizar coisas como a sua localização. Parece assustador, mas o que significa basicamente é que se quiser utilizar um mapa para obter direcções, este tem de saber primeiro onde se encontra. A sua única opção aqui é premir OK.

Depois de concordar em partilhar a sua localização com as aplicações, tem de adicionar um código de acesso. Isto funciona de forma muito semelhante ao seu telemóvel (antes de o telemóvel ter uma impressão digital para desbloquear ou o Face ID). Não é necessário adicionar um código de acesso. A adição de uma palavra-passe protege o seu relógio de alguém que o roube e depois o utilize.

A Apple está a partir-lhe o coração com esta configuração? O ecrã seguinte ajudará a detectá-lo! Este ecrã explica tudo sobre a nova funcionalidade do monitor cardíaco. Leia-o e prima Continuar.

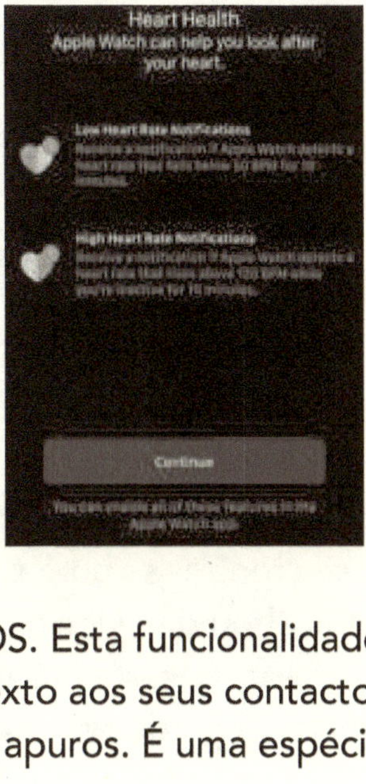

A seguir é SOS. Esta funcionalidade envia uma mensagem de texto aos seus contactos para lhes dizer se está em apuros. É uma espécie de versão da Apple de "caí e não me consigo levantar". Leia a mensagem e prima Continuar para prosseguir.

Talvez não o saiba, mas muitas das suas aplicações favoritas já têm aplicações Watch. Pode adicionar todas as que já possui ou seleccioná-las mais tarde. Pessoalmente, eu teria o cuidado de selecionar todas elas. Esta é a opção mais fácil, mas é provável que muitas das suas aplicações favoritas do telemóvel sejam inúteis no seu pulso.

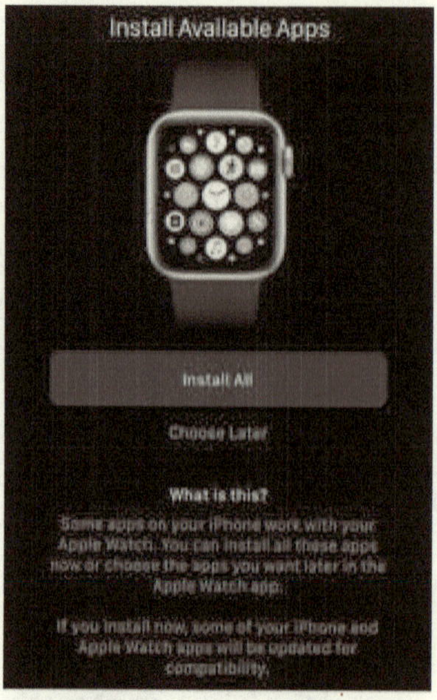

Está quase a terminar. O telemóvel e o relógio estão agora a sincronizar-se com todas as definições que acabou de selecionar. Se decidiu instalar todas as aplicações, demorará alguns minutos a terminar. Ao longo do processo, é provável que também receba uma mensagem sobre a partilha de mensagens de texto entre o telemóvel e o relógio - o que significa que, se alguém lhe enviar uma mensagem de texto, também a receberá no seu pulso.

Aparecerá agora uma mensagem no telemóvel e no relógio a informar que o processo está concluído. Já pode utilizar o seu relógio!

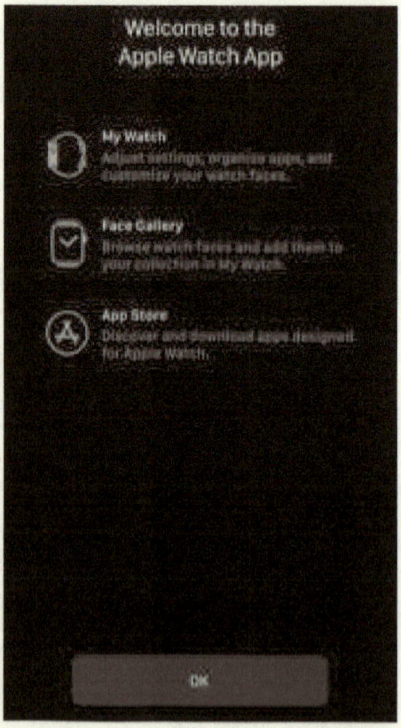
Welcome to the
Apple Watch App
My Watch
Face Gallery
App Store
OK

[5]

CHEGA DE CONFIGURAÇÃO! MOSTRE-ME COMO USÁ-LO!

Este capítulo abordará:

- Ajustar as definições
- O que representam os ícones de estado
- O que aconteceu ao Force Touch?
- Gestos e atalhos
- Organizar ícones
- Handoff entre o Apple Watch e o iPhone

A configuração é bastante auto-explicativa, certo? O que está *realmente* à espera é de saber como utilizar esta coisa! Por isso, vamos lá começar!

Botão de ação

Antes de me debruçar sobre todas as funcionalidades brilhantes, tenho de mencionar uma coisa: o botão de ação.

Se viu um vídeo do Ultra - ou talvez o tenha visto pessoalmente - pode ter reparado que tem um botão extra. É o chamado "Botão de ação". É exclusivo do Apple Watch Ultra.

O que é que é? O que queres que seja! Isso é porque é bastante personalizável. O objetivo do botão é funcionar como um atalho para o levar rapidamente a algum lado. Uma vez que o relógio se destina a pessoas que praticam desportos mais radicais, é uma forma de garantir que conseguem chegar à funcionalidade de que mais precisam sem terem de pensar nisso.

Ligar, despertar e desbloquear

Para ligar o relógio, prima e mantenha premido o botão lateral até aparecer o logótipo da Apple; para o desligar, prima e mantenha premido o botão lateral até aparecer uma barra deslizante que lhe diz para a arrastar para a direita para o desligar.

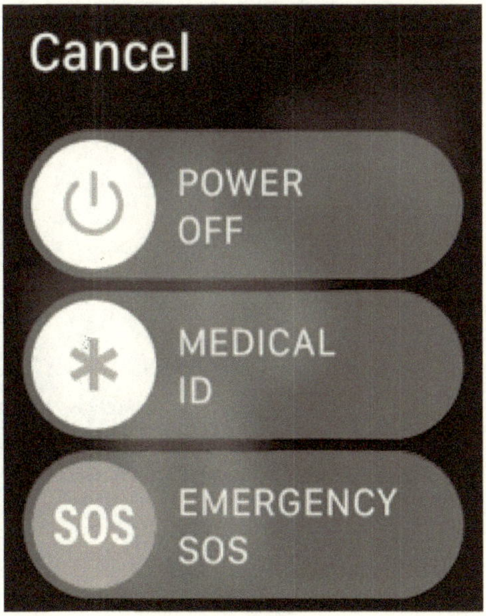

Tirar o relógio do modo de espera é a coisa mais simples que vai fazer - basta levantar o pulso! Que tal isto para ser fácil? Voltar a ligar o modo de espera é igualmente simples - pouse o pulso.

Se levantar o pulso e o modo de espera não se desligar, é possível que tenha alterado uma definição. Abra o botão Definições no ecrã inicial do seu relógio (é igual ao do seu telemóvel, só que é redondo) e, em seguida, vá para Geral e OrientaçãoCertifique-se de que a Orientação está definida para o pulso que usa - se estiver a usá-lo na mão direita e a Orientação estiver definida para a mão esquerda, por exemplo, altere-a. Outra coisa que pode ter acontecido é a bateria ter-se esgotado.

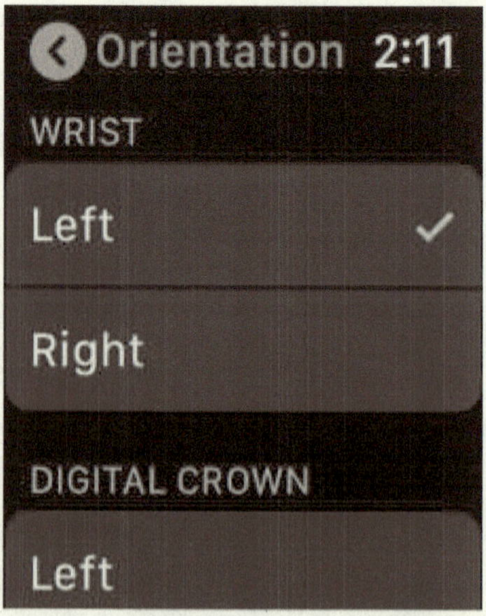

Quando levanta o pulso, o relógio mostra o mostrador (ou seja, a hora) ou a última aplicação aberta. Por predefinição, mostra o mostrador do relógio, mas se quiser que ele vá para a sua última atividade, vá a Definições, depois a Geral e, por fim, a Ecrã de ativação - depois de tocar nesta opção, escolha Retomar atividade anterior.

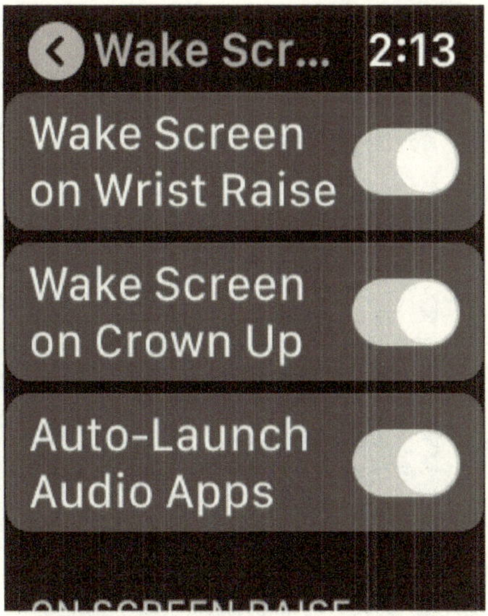

Também tem a possibilidade de desbloquear o relógio com o seu telemóvel utilizando um código de acesso. Esta é uma excelente funcionalidade se tirar muito o relógio do pulso. Não significa que seja necessário introduzir um código de acesso sempre que se olha para as horas - apenas é necessário quando o relógio não está no pulso ou está a ser usado de forma demasiado solta. O código de acesso pode ser o mesmo que o do telemóvel, mas recomenda-se que seja diferente. Para ativar o código, aceda a Definições a partir do ecrã inicial do relógio, desloque-se para baixo até ver o código e toque nele. Toque em Ativar desbloqueio com o iPhone. Se pretender alterá-lo, basta seguir os mesmos passos, mas selecionar Alterar código.

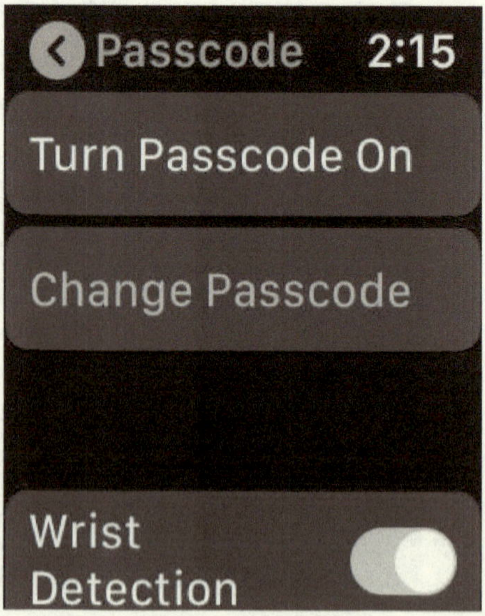

Se alguma vez se esquecer do seu código de acesso, desemparelhe o relógio do iPhone e apague todas as definições.

AJUSTAR O TAMANHO DO TEXTO, BRILHO, SONSE HAPTICS

Espero que gostem de cenários, porque é aí que vamos ficar nesta secção!

O Apple Watch é provavelmente mais pequeno do que aquilo a que está habituado quando lê mensagens, e-mails, notícias, etc.; se for demasiado pequeno, pode aumentar o texto indo a Brilho e Tamanho do textotoque em Tamanho do texto e, em seguida, utilize o botão da Digital Crown para o aumentar ou diminuir. Também pode marcar ou desmarcar a opção de colocar o texto em negrito.

(Nota: antes de colocar o texto a negrito, o relógio terá de ser reposto a zero).

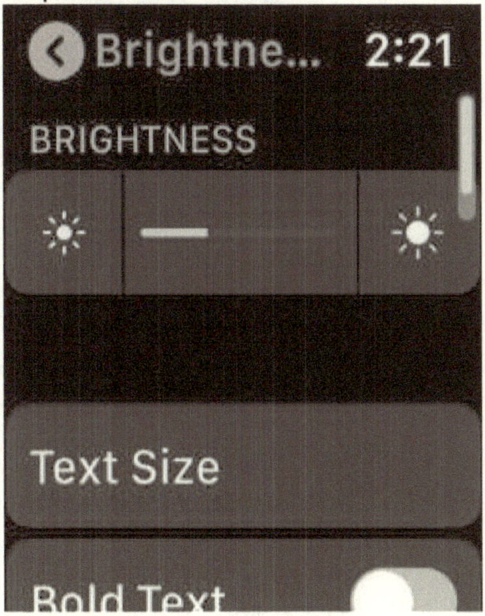

A partir deste mesmo menu, pode ajustar o brilho do relógio.

Se não gostar dos sons predefinidos do seu relógio, vá a Sons e Haptics no menu Definições. Utilize o botão Digital Crown para ajustar o volume do som. Também pode silenciar os sons mudando para o modo Silêncio. (Nota: o modo silencioso não desliga o som dos alarmes).

Para algumas notificações, receberá um toque no pulso, que pode adorar ou detestar. Se não gostar, volte ao menu anterior. Em seguida, vá para a secção Haptic e pode activá-la ou desactivá-la - e também torná-la mais proeminente.

Carregar o Apple Watch

Carregar O carregamento do relógio é muito simples; pode ser um pouco estranho no início, porque o carregador é magnético e não se liga ao relógio - em vez disso, encaixa na parte de trás. Certifique-se de que utiliza o carregador fornecido com o dispositivo - a utilização de qualquer outro pode sobrecarregar o dispositivo, o que descarregará a bateria rapidamente.

São necessárias cerca de duas horas para carregar totalmente o relógio.

Se pretender saber quanto tempo é necessário para um carregamento completo, deslize para cima a partir do mostrador do relógio, o que faz aparecer a opção Glancese, em seguida, deslize o dedo para o ecrã Bateria Bateria.

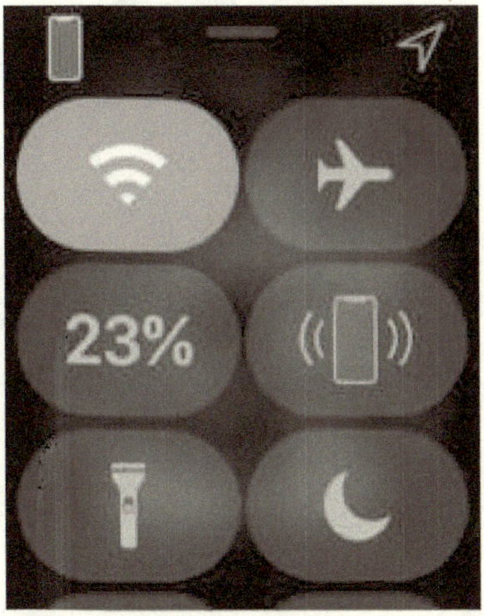

Quando o relógio tiver menos de 10% de energia restante, entrará automaticamente no modo de reserva de energia. neste modo, o relógio mostrará as horas, mas as outras aplicações não estarão disponíveis. Também é possível ativar manualmente a Reserva de energia premindo o botão lateral durante três segundos até aparecer o menu Energia e, em seguida, deslizando para a Reserva de energia.

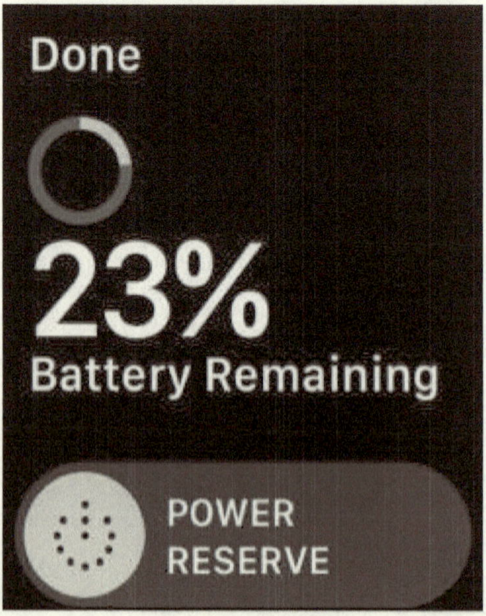

Pode ver quanto tempo resta na sua reserva de bateria em qualquer altura deslizando para cima a partir do mostrador do relógio para abrir a opção "Visorese, em seguida, deslizando para Reserva de energia. Também pode utilizar a aplicação Apple Watch no iPhone para ver a última vez que carregou o relógio.

NOTA: Sempre que eu mencionar Glances neste livro, isso significa apenas deslizar para cima a partir dos seus dispositivos - existem muitos Glances que irei abordar.

Bateria Saúde

A duração da bateria A vida útil da bateria é importante para qualquer gadget, mas isto é especialmente verdadeiro para o Apple Watch; pretende utilizá-lo para monitorizar os objectivos de fitness e até para monitorizar o sono - para algumas pessoas, vai querer deixá-lo ligado o tempo todo. Mas, a dada altura, tem de o carregar. As opções de estado da bateria ajudam-no a tirar o máximo partido da bateria.

Existem realmente dois grandes problemas no que diz respeito à saúde da bateria: um, quer ter a certeza de que pode utilizá-la o máximo de tempo possível antes de a carregar; e dois, quer ter a certeza de que não está a ser sobrecarregada.

Por exemplo, se deixar o seu relógio a carregar durante toda a noite, a dada altura ele estará totalmente carregado - mas continuará a carregar. Isto vai provocar o desgaste da bateria interna. Pode ativar a opção Bateria optimizada Carregamento optimizado para conhecer os seus hábitos de carregamento. Se ele perceber que você está carregando o aparelho durante a noite, ele carregará até 80% e, em seguida, carregará os 20% restantes uma hora antes de você normalmente se levantar. Isto manterá a bateria saudável durante mais tempo.

Para começar, aceda à aplicação Definições e, em seguida, toque em Bateria. Isto irá mostrar-lhe uma visão geral da sua bateria. No meu caso, a bateria está a 61%.

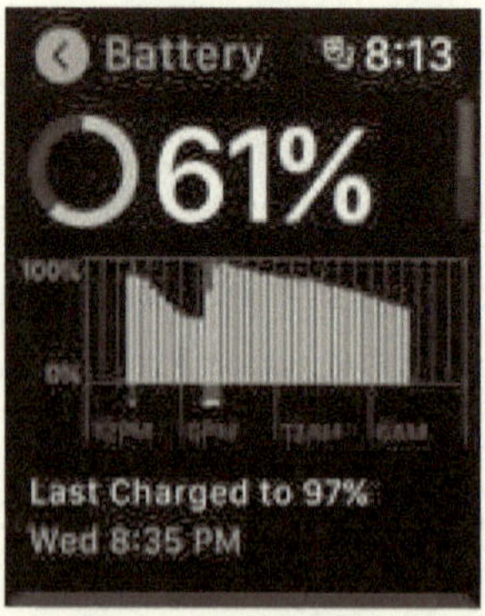

Se eu deslocar o ecrã para baixo (ou rodar a Digital Crown), existe uma opção para ativar manualmente o modo Reserva de energia e, por cima, um botão para o modo Bateria Saúde da bateria.

Quando toca no botão Bateria Estado da bateria verá qual é a duração atual da sua bateria. No exemplo abaixo, a Capacidade máxima é de 86%.

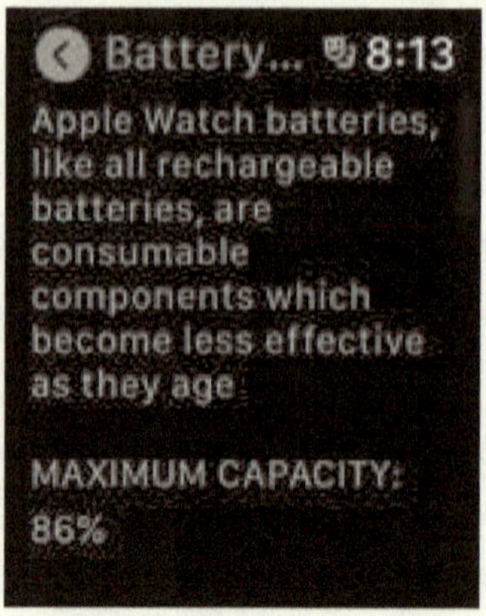

Desloque-se um pouco para baixo e verá uma opção para alternar entre Bateria optimizada Optimizado ligado e desligado.

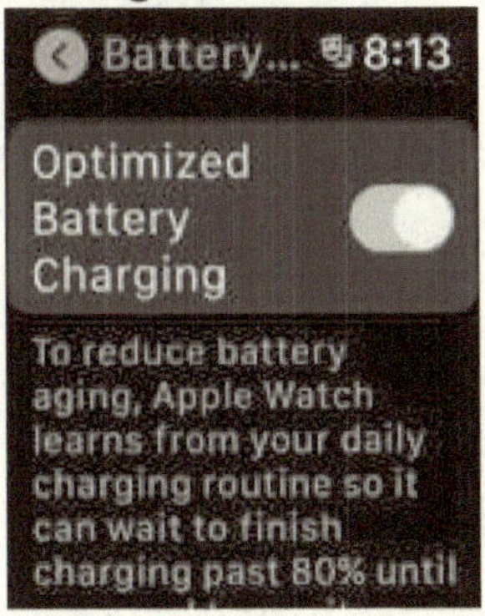

DEFINIÇÕES NO IPHONE

Agora que já falámos de todas as definições, eis uma dica que provavelmente o vai aborrecer por não lhe ter dito antes: pode fazer quase tudo isto no seu iPhone!

Nem sempre tem o telemóvel consigo, por isso deve saber onde estão as definições tanto no relógio como no telemóvel. No entanto, a maioria das pessoas considera mais fácil controlar as definições num dispositivo maior.

Para ajustar as definições, aceda à aplicação Watch no telemóvel e, em seguida, desloque-se para baixo até à definição pretendida. Tudo o que alterar aqui será sincronizado automaticamente com o seu relógio. Não há mais nada a fazer!

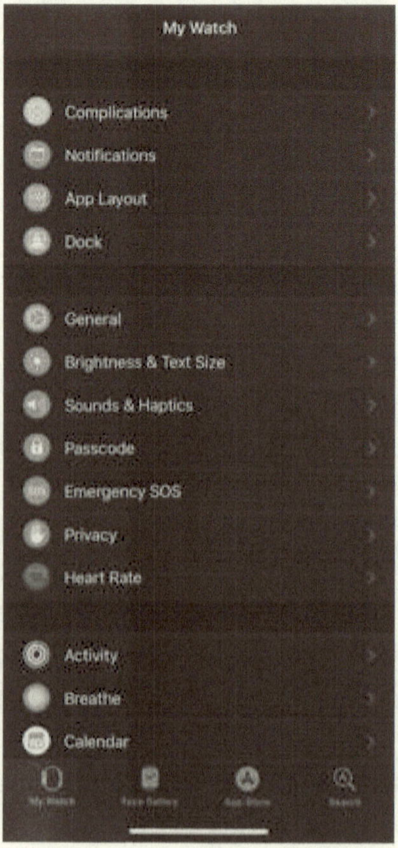

ÍCONE DE ESTADOS

As notificações no Apple Watch têm muitas formas; uma delas é através dos ícones de estado; estes ícones permitem-lhe olhar rapidamente para o pulso e saber que há um novo e-mail ou que o relógio precisa de ser carregado. Alguns são menos óbvios do que outros. Os ícones de estado e o seu significado estão listados abaixo:

Tem uma notificação não lida, como um e-mail.

O Apple Watch está a carregar.

A bateria está fraca.

O Apple Watch está bloqueado e necessita de um código de acesso para ser utilizado.

O relógio está no modo Não incomodar e não emitirá quaisquer sons ou luzes até ser ativado novamente; no entanto, os alarmes continuarão a funcionar.

O Apple Watch está no modo Avião e apenas as funcionalidades sem fios funcionam - Bluetooth e Wi-Fi não estão activados.

O relógio está no modo Teatro e permanece silencioso e o ecrã permanece escuro, a menos que toque no ecrã ou prima um dos botões.

O relógio está ligado a uma rede Wi-Fi em vez do seu telemóvel.

Isto é algo que só se vê num Apple Watch com uma ligação celular. Indica que está ligado à rede móvel; as barras indicam a intensidade da ligação. Quatro é o valor mais alto.

Mais uma vez, isto é apenas algo que verá num Apple Watch com uma ligação celular e significa que perdeu a sua ligação celular.

Se estiver a nadar ou a fazer algo com muita água, isso indica que o bloqueio de água está ativado e o relógio não responderá a toques.

Deslize para cima até aos seus Glances e verá este ícone, que representa a sua ligação de áudio. Tocar neste ícone permite-lhe mudar o áudio do seu relógio para outro dispositivo. Por exemplo, se estiver a ouvir música e quiser que esta seja reproduzida num auricular sem fios.

O serviço de localização está ativado. O que é que isto significa? Significa que existe uma aplicação (como o Maps) que está a utilizar a sua localização em segundo plano.

O relógio já não está emparelhado com o telemóvel.

Está a decorrer uma atividade sem fios ou outro tipo de evento ativo - por exemplo, o carregamento de uma aplicação.

Se estiver a utilizar a aplicação Workoutverá aparecer este ícone de estado. Toque nele para voltar à aplicação.

Abordarei a funcionalidade Walkie-Talkie mais tarde; para já, basta compreender que este ícone representa essa funcionalidade.

Verá este ícone quando o áudio estiver a ser reproduzido.

Quando estiver a utilizar uma aplicação de terceiros para obter direcções de condução ou navegação, verá este ícone de estado.

Por vezes, o relógio está a ouvir - por exemplo, se o relógio detetar que está a lavar as mãos, este ícone aparece para lhe dizer que o microfone está ligado e que o relógio está a ouvir o que está a fazer (a detetar a água, neste exemplo).

Se tiver ativado o modo de repouso, verá este ícone de estado sempre que se deitar. Pode activá-lo manualmente, deslizando para cima para aceder ao ecrã de Espectáculos e tocando no ícone.

Gestos e atalhos

Com um espaço tão limitado, a Apple utilizou de facto algo chamado Gestos. Os gestos são essencialmente o relógio que faz coisas diferentes com base na forma como o utilizador toca ou passa o dedo no relógio. Se tiveres um iPhone ou Mac com Force Touchestará um pouco familiarizado com isto. Caso contrário, não se preocupe - é fácil de compreender.

Esta secção dá-lhe uma visão geral dos gestos e atalhos que lhe permitem fazer o que precisa de fazer rapidamente.

Os três grandes

Há três acções que utilizará mais do que outras.

#1

O atalho que vai utilizar mais vezes é o botão Digital Crown Premir este botão leva-o sempre de volta ao ecrã inicial. É como o botão Home do seu iPhone (se tiver um iPhone que ainda tenha um botão de ecrã Home).

#2

Se deslizar para baixo a partir da extremidade superior do mostrador do relógio, recebe notificações. Se perdeu uma mensagem de texto, um e-mail ou qualquer outro alerta, deslize para baixo e poderá ver o que se passou. Provavelmente sabe que este gesto é exatamente igual ao do seu iPhone - a Apple, sempre que possível, tenta manter os gestos iguais ou semelhantes.

Se deslizar para a esquerda sobre uma notificação, obtém mais duas opções: limpar e mais opções.

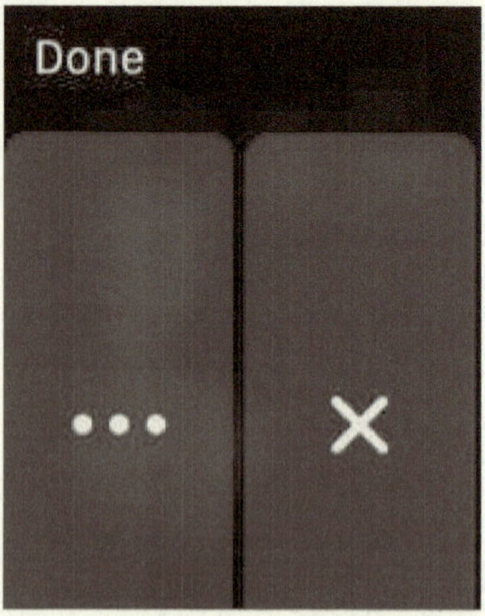

Limpar faz exatamente o que parece - limpa! Mais opções permite-lhe alterar a forma como uma notificação é apresentada.

Notificações podem começar a acumular-se muito rapidamente. Talvez seja do tipo que adora passar por cada uma delas e limpá-las individualmente; eu acho que isso consome muito tempo e prefiro limpá-las de uma só vez. Isso é fácil! Basta tocar e manter premida qualquer notificação (ou seja, tocar nela com firmeza e manter premida até aparecer uma mensagem). Quando aparecer a mensagem Limpar tudo, toque nela. Isto não elimina a mensagem - apenas a notificação.

#3

Deslize para cima a partir da extremidade inferior do mostrador do relógio para ver os Relances. O Glances é um pouco como o Centro de Controlo no iPhone - nos iPhones mais antigos é necessário o mesmo gesto para lá chegar (deslizar para cima); os iPhones mais recentes acedem a esta opção deslizando para baixo no canto superior direito.

OLHARES

Olhares não são mais do que atalhos e alternâncias. Todos aqueles ícones de estado que acabei de mencionar? Muitos deles estão activados aqui.

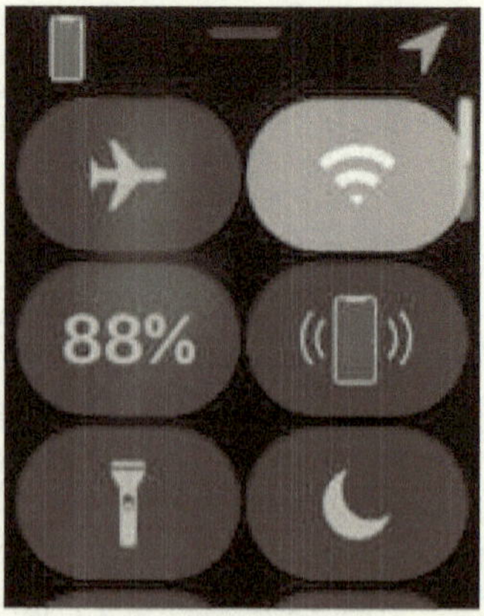

Assim, quando quiser ativar o modo Natação ou o modo Avião ligado, por exemplo, basta ir a Espectáculos e premir o botão. Prima-o novamente para o desligar. Alguns dos ícones (como o ícone da percentagem da bateria) abrem mais opções.

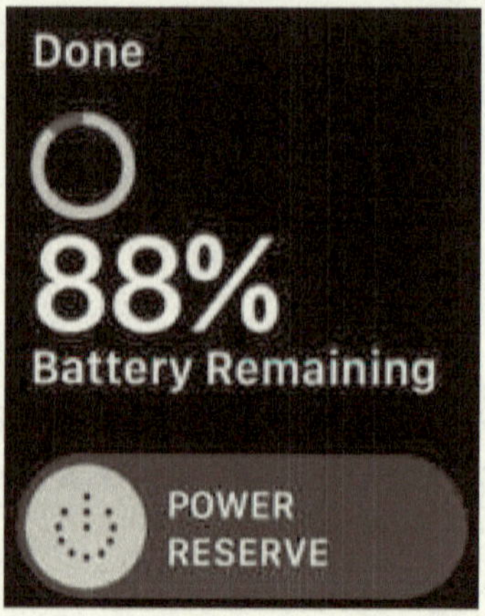

Um ícone de estado que não foi abordado anteriormente foi a lanterna, que é uma das opções do Glance. No iPhone, a lanterna é bastante útil (e brilhante); no relógio? Nem por isso. No relógio, o ecrã liga-se, pelo que tem "alguma" luz, mas não tem o mesmo brilho que o flash da câmara, como no telemóvel. Se passar o dedo, aparecem os diferentes tipos de lanternas (branca, branca intermitente e vermelha). Para a desligar, deslize o dedo para baixo.

Na parte inferior do Glancesexiste um botão Editar. Se tocar nesse botão, poderá arrastar e largar ícones; desta forma, pode organizar os ícones por ordem dos que utiliza mais.

Também pode tocar no botão - no canto superior esquerdo de cada ícone para o remover dos Destaques. Não é possível remover todos os ícones, mas é possível remover a maior parte deles.

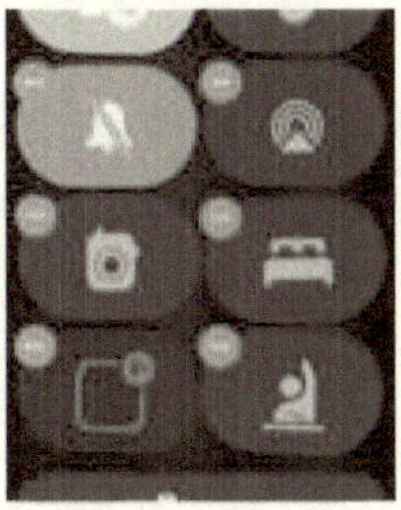

Quando a remove, não desaparece para sempre. Pode recuperá-lo indo à parte inferior; aparece em Mais.

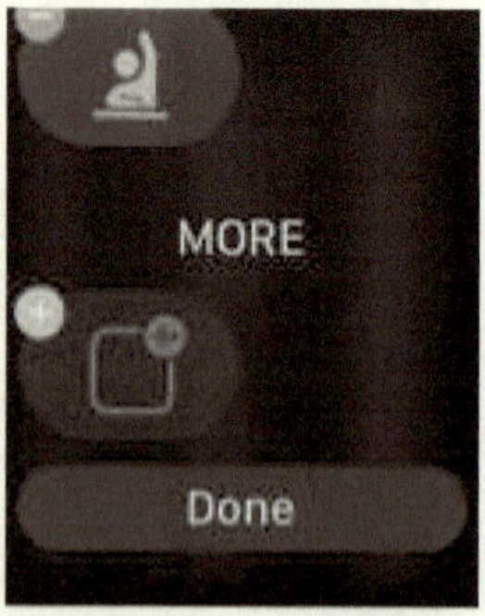

FORÇAR O TOQUE

Durante algum tempo, a Apple promoveu o Force Touch como uma inovação nos gestos - e depois deixou de o ser. E agora desapareceu!

Força de toque mede não só o que está a tocar, mas também a força com que está a tocar. No ecrã do relógio, se premir com um pouco mais de força no ecrã, pode alterar o mostrador do relógio. Nas aplicações, o Force Touch é utilizado de forma semelhante ao clique com o botão direito do rato num computador - abre opções.

Desde então, a Apple decidiu ocultar totalmente esta funcionalidade. Portanto, se estiver a perguntar-se porque é que premir com firmeza mais já não abre um menu, é por isso.

Zoom

Se está habituado a fazer zoom no seu iPhone e iPad, prepare-se para ficar desiludido... num ecrã mais pequeno, este método não funciona. No seu lugar está a Digital Crownque pode ser utilizada para aumentar e diminuir o zoom rodando o botão. Pode utilizá-la para ampliar coisas como fotografias e mapas.

Desligar o ecrã

Não existe um botão físico para desligar o Apple Watch. Para desligar o ecrã, pode baixar a mão ou cobrir o relógio com a outra mão. Também é possível silenciar os alarmes cobrindo o ecrã com a mão.

Iniciar a Siri

Existem duas formas rápidas de iniciar o Siriuma, prima sem soltar a Digital Crownduas, levante o pulso e fale - não são necessários botões. Anteriormente, era necessário dizer "Hey Siri"; isso já não é necessário. O relógio detecta que está a levantar o pulso para falar e ouve o que diz.

Também pode utilizar a Siri para fazer traduções. Basta dizer "Siri, como é que se diz X [coisa] em Y [língua]?".

Localizar o iPhone

Se não conseguir encontrar o iPhone, pode fazer um ping rápido com o seu relógio para ver se está por perto. Vá para o mostrador do relógio, deslize para cima para abrir o Visore, em seguida, toque no ícone Telefone.

Isto fará com que o telemóvel comece a apitar. (Nota: para que isto funcione, tem de ativar a opção Encontrar o meu iPhone a partir do iCloud.)

Avião Modo

A maioria das companhias aéreas permite-lhe deixar o seu relógio ligado durante o voo, mas querem-no no modo Avião (que desliga as definições que possam interferir com o avião).

Para colocar o relógio no modo Avião vá para o mostrador do relógio, deslize para cima a partir da parte inferior para abrir os Visorese vá para o olhar Definições e, em seguida, toque no botão que parece um avião. Repita os passos para desativar o modo.

Se pretender que o relógio entre no modo Avião sempre que o telefone o fizer, aceda à aplicação Apple Watch, toque em O meu relógio, toque em Modo de avião e ligue o Mirror iPhone. Repita os passos para desativar.

Botão lateral

Para alternar entre as aplicações utilizadas mais recentemente, prima o botão lateral a partir do mostrador do relógio. Isto faz com que todas as aplicações apareçam como um rolodex. É uma espécie de multitarefa num iPhone.

Utilize a Digital Crown para percorrer as aplicações; toque uma vez para abrir uma aplicação; deslize para a direita para fechar a aplicação.

Última aplicação

Precisa de voltar rapidamente à última aplicação utilizada? Faça duplo clique na Digital Crown.

Apple Wallet

Para utilizar o Apple Pay com a Apple Wallet-toque duas vezes no botão lateral; aparece o seu cartão de crédito e diz-lhe para o colocar junto do leitor (o telemóvel não precisa de estar por perto); quando estiver junto do leitor, introduza o seu código de acesso. Preocupado com a possibilidade de alguém pegar no seu relógio e utilizar o seu cartão de crédito? Não funciona se o tirar do pulso.

Se pretender utilizar um cartão de crédito diferente, passe o dedo para a esquerda. Quando encontrar o cartão que pretende, vire-o para o leitor. Quando a transação for efectuada, ouvirá um sinal sonoro e sentirá um toque - isto alerta-o para o facto de a transação estar concluída.

Antes de poder utilizar o Apple Payno entanto, é necessário configurá-lo. Isto é feito no iPhone. No iPhone, toque na aplicação Apple Watch e, em seguida, desloque-se para Adicionar cartão de crédito ou de débito e toque no mesmo. Pode utilizar um cartão registado no iTunes ou adicionar um novo cartão. Em ambos os casos, terá de adicionar o seu número de segurança (ou o número completo, se estiver a adicionar um novo cartão); dependendo do cartão, poderá ser necessário verificar com outro passo, que é normalmente uma mensagem de texto com um código do seu banco. Quando receber o código, basta tocar em Verificar e introduzi-lo. Está tudo pronto para utilizar o seu relógio para comprar coisas!

A aplicação Wallet sincroniza-se automaticamente com o iPhone. Não é possível adicionar um cartão de crédito ao relógio de imediato, mas pode adicioná-lo no iPhone e ele estará no seu pulso em segundos. A utilização do cartão é semelhante à utilização no telemóvel. Abra a aplicação Wallet, seleccione o cartão com que pretende pagar e encoste o pulso à máquina de cartões. Desde que a máquina esteja configurada para pagamentos Apple, o cartão será carregado.

Configurar a Apple Wallet no iPhone

A Apple Wallet é o local onde pode armazenar versões digitais de objectos como cartões de crédito, cartões de seguro e até documentos de identificação e chaves. Está a ficar cada vez maior todos os anos, mas, infelizmente, cabe às empresas adicioná-la ao sistema da Apple. Por isso, se não vir a empresa do seu cartão de crédito ou não conseguir adicionar algo como um BI, é porque ainda não é suportado.

A secção Serviços Apple deste guia abordará mais detalhadamente as funcionalidades.

Para adicionar algo à sua Wallet, abra a aplicação Wallet e toque no ícone + no canto superior direito.

Em seguida, seleccione o que pretende adicionar. Também pode candidatar-se a um Apple Card. O Apple Card é o cartão de crédito da Apple.

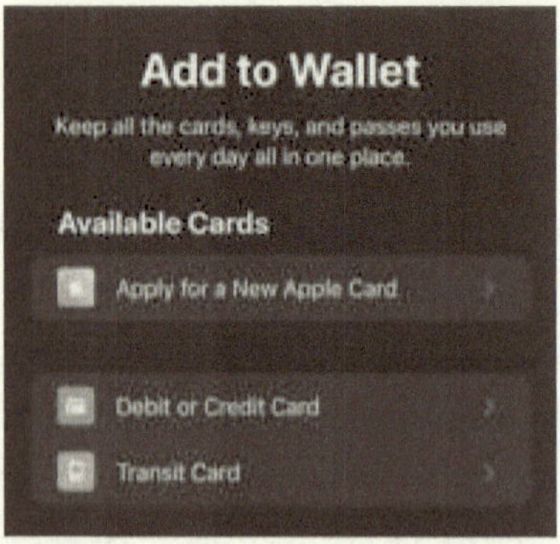

Só porque está a ler isto nos Estados Unidos, não pense que não verá coisas de outros países. Se estiver a viajar para um país como a China, verá até cartões de trânsito desse país.

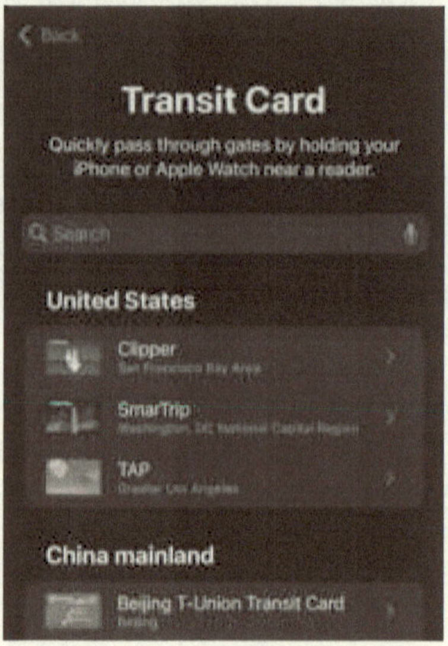

HANDOFF ENTRE O APPLE WATCH E O IPHONE

Handoff permite-lhe alternar entre o seu relógio e o seu telemóvel sem perder o seu lugar. Se estiver a ler um e-mail no seu relógio e quiser responder no seu telemóvel, aceda ao Handoff no seu telemóvel. O Handoff costumava aparecer no ecrã de bloqueio - agora é um pouco menos óbvio. Agora, pode aceder ao Handoff a partir do ecrã de alternância de aplicações no iPhone (ver abaixo). Basta deslizar para cima e manter premido no iPhone.

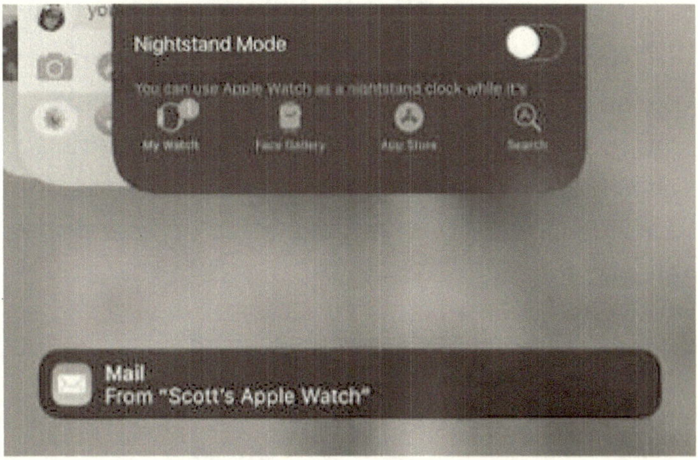

Num MacBook, o Handoff encontra-se na doca. Terá um ícone do Apple Watch no canto superior direito.

Pode ativar e desativar o Handoff abrindo a aplicação Apple Watch no iPhone, acedendo a O meu relógio, tocando em Geral e em Ativar Handoff.

Organizar ícones

Existem duas vistas de aplicações no Apple Watch: Vista de grelha e Vista de lista.

Vista da grelha

A vista de grelha é a vista a que a maioria das pessoas está habituada; é também minúscula... muito minúscula. Quando se tem muitas aplicações, pode ser difícil encontrar a que se pretende. Se achar que é difícil navegar, a Vista de lista pode ajudar.

Vista de lista

A Vista de lista coloca todas as aplicações numa lista percorrível por ordem alfabética.

Remoção Aplicações

Se estiver a utilizar a Vista de grelha, pode remover uma aplicação da grelha da mesma forma que faria no ecrã inicial do iPhone ou iPad: toque sem soltar. As aplicações que podem ser removidas terão pequenos X no canto superior direito. Toque nesses X's para as remover.

Confirmará se pretende mesmo apagá-lo antes de o eliminar. Não é eliminado para sempre; está apenas guardado na nuvem. Pode voltar a guardá-lo mais tarde.

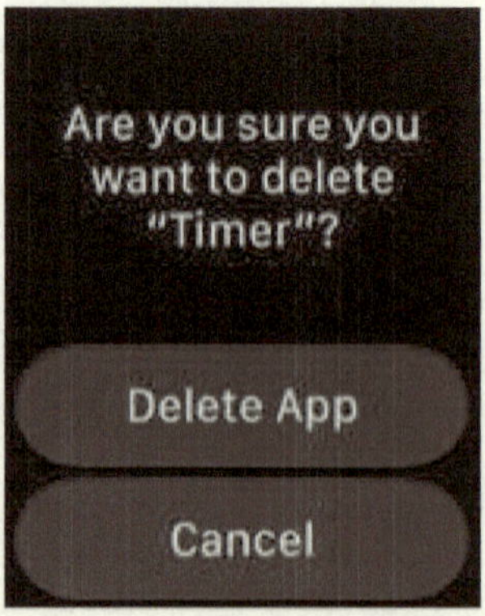

ORGANIZAR ÍCONES

A disposição dos ícones no relógio também é semelhante à do iPhone e do iPad. Para começar, vá para o ecrã inicial e, em seguida, toque sem soltar num ícone de aplicação; pode agora arrastá-lo para uma nova localização.

MUDAR AS VISTAS DA APLICAÇÃO

Para mudar da vista de grelha para a vista de lista (ou vice-versa), aceda à aplicação Definições e, em seguida, desloque-se para a vista de aplicações.

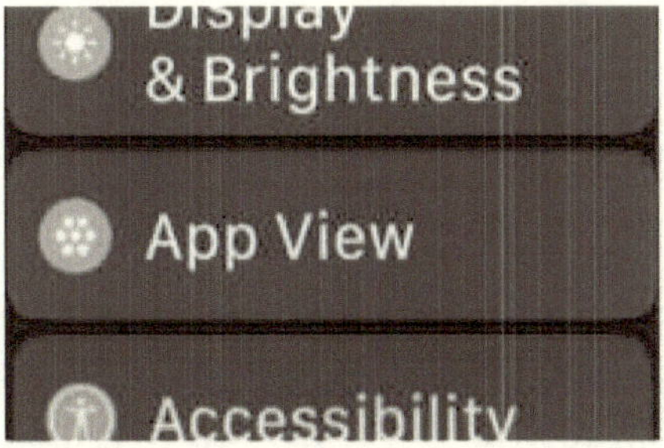

No ecrã seguinte, seleccione a vista que pretende. Prima a coroa digital quando fizer a sua seleção.

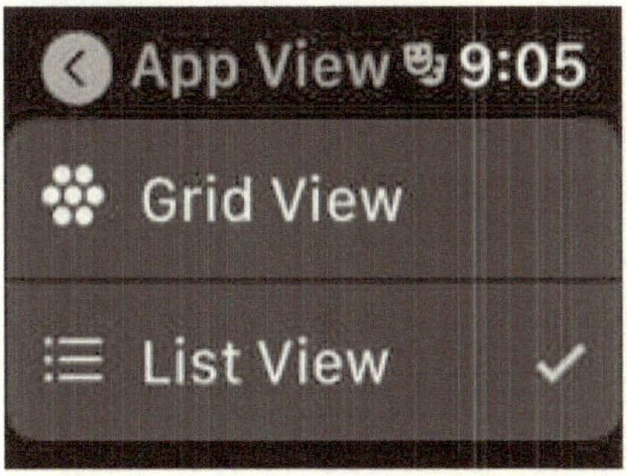

Instalar Aplicações no relógio

Os dias de utilização do telemóvel para encontrar e transferir aplicações terminaram com o OS 7. É verdade que ainda pode utilizar o método referido na secção anterior e pode até preferi-lo, porque é mais fácil de navegar.

Para encontrar aplicações diretamente no seu relógio e evitar o método antigo, abra a aplicação Apps no seu relógio.

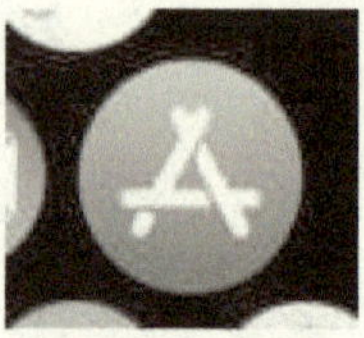

Isto faz aparecer uma versão para relógio da App Storeem que pode procurar aplicações ou utilizar a Digital Crown para ver as aplicações em destaque.

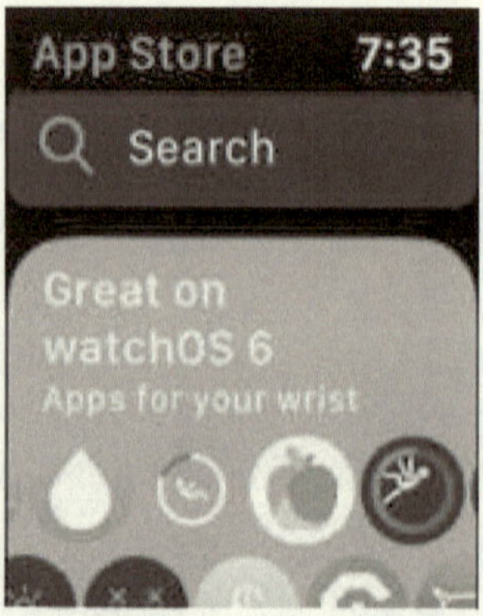

Quando vir uma aplicação que pretenda, toque na mesma e, em seguida, toque no botão Obter.

SOS

SOS permite que o seu relógio ligue para os serviços de emergência locais para lhes indicar a sua localização; obviamente, isto é algo que só se utiliza numa emergência - não é algo que se deva experimentar só para ver como funciona! Para o ativar, mantenha o botão lateral premido durante três segundos e, em seguida, deslize o dedo sobre SOS.

Ruído

Os relógios da série 4 e superiores terão uma nova aplicação após a atualização para o OS 7: a aplicação Noise .

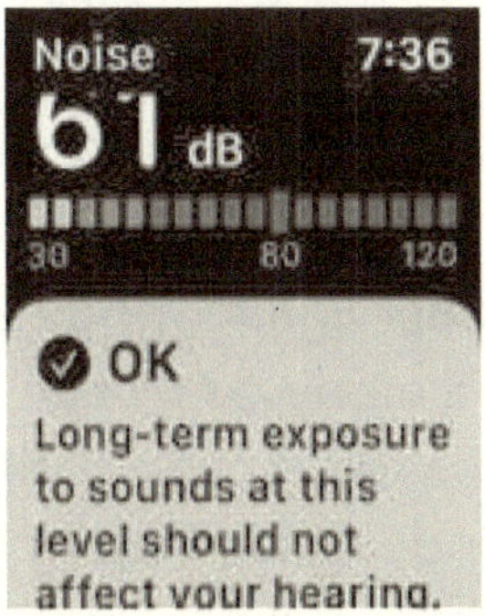

A aplicação Ruído utiliza o microfone do seu relógio para medir os níveis de som do seu ambiente. Quando este aumenta para um nível que pode prejudicar a sua audição, pode notificá-lo.

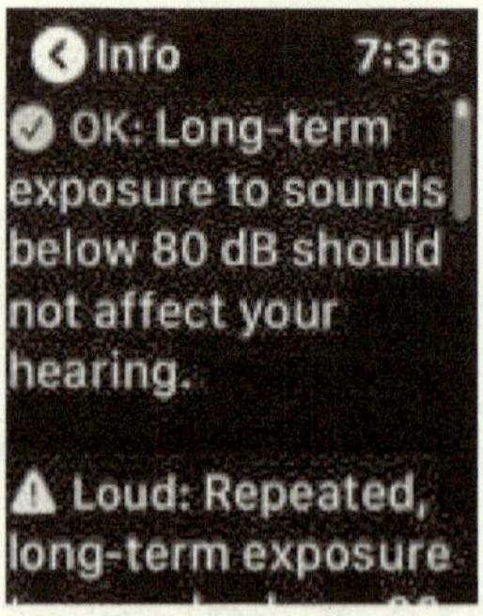

Para o ativar, abra a aplicação e seleccione ativar.

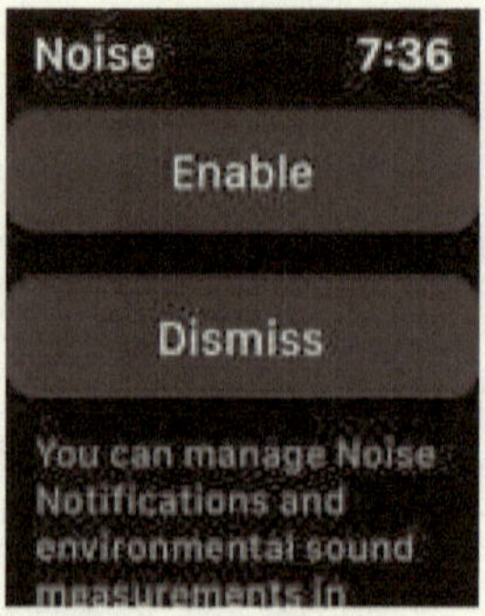

Quando estiver ligado, pode abri-lo em qualquer altura para medir o nível de som. Também pode ajustar quando recebe notificações sobre os níveis de som indo às Definições no seu dispositivo, depois Ruídoe, em seguida, Notificações.

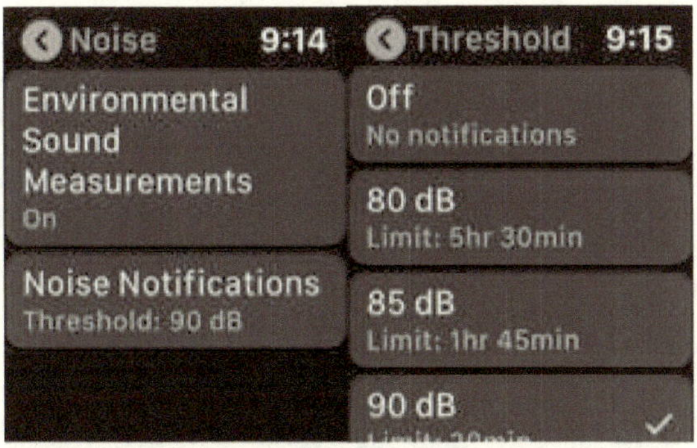

Se estiver a ouvir algo demasiado alto, receberá uma mensagem sobre como o ruído repetido a este nível pode prejudicar a sua audição.

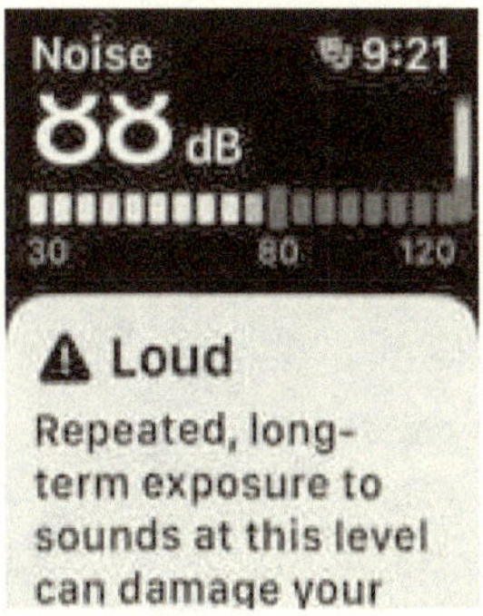

Para ver um histórico de ruídos, abra a aplicação Saúde no iPhone.

Dentro da aplicação, toque no ícone Procurar na parte inferior.

Na lista, seleccione a opção Audição.

Agora vê um gráfico com o histórico dos ruídos a que esteve exposto.

Atento

O Mindfulness já está presente no relógio há algum tempo, mas até 2021, chamava-se aplicação Breathe.

A aplicação Mindfulness tem três modos:

- Fitness + - É aqui que pode ouvir meditações áudio dos instrutores do Fitness +.

- Refletir - Este modo ajuda-o a concentrar-se e a pensar no que é importante para si.

- Respirar - Um exercício de respiração simples, mas poderoso, para o ajudar a concentrar-se e a sentir-se melhor.

Ao executar qualquer um destes modos, certifique-se de que tem o modo Não incomodar ativado, caso contrário o exercício pode ser interrompido; as notificações podem fazer parar o programa.

Sempre que quiser parar o exercício, basta deslizar para a direita e tocar em Terminar.

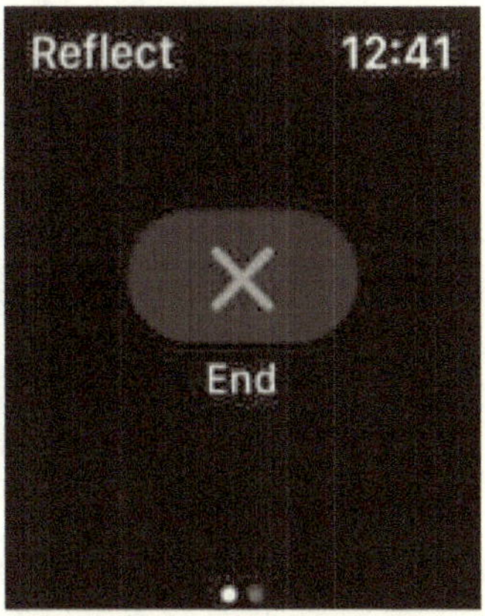

Antes de tocar em Refletir ou Respirar, verá três pontos no canto superior direito. Se tocar nesses pontos, pode alterar a duração. Assim, o modo pode ser mais longo ou mais curto. Um minuto é o mais curto e cinco minutos é o mais longo.

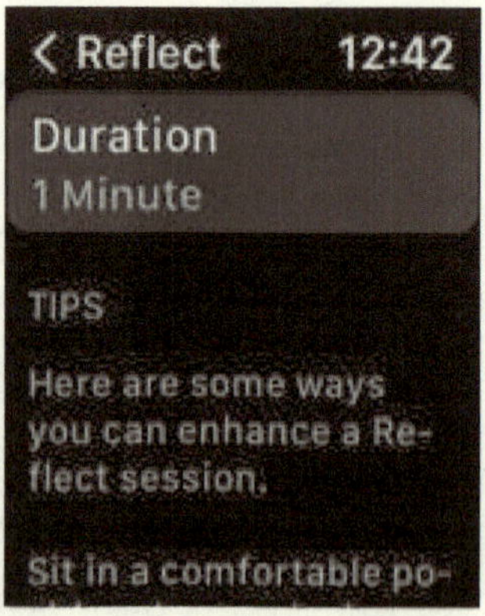

Basta tocar na hora atual e pode selecionar uma nova hora.

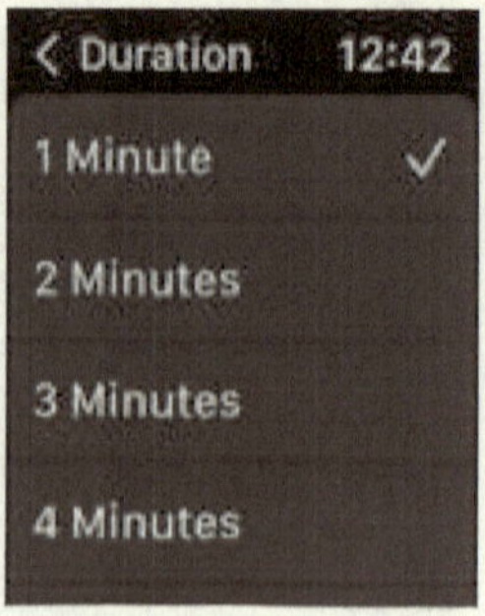

No modo de respiração, o aparelho indica-lhe no ecrã o que deve fazer, mas também envia vibrações para o seu pulso.

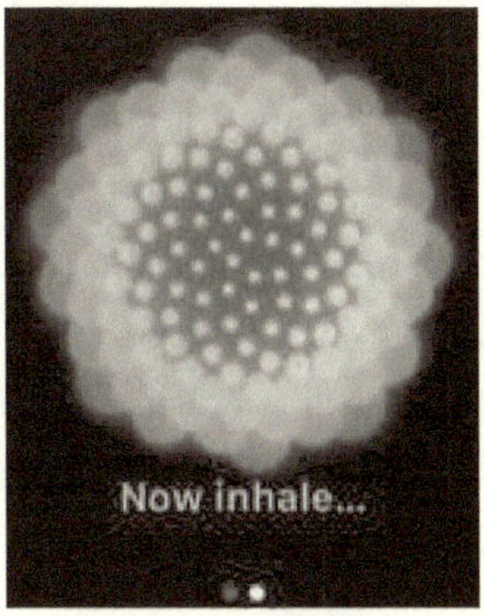

Bússola

A bússola é uma aplicação exclusiva para o Apple Watch Series 5 e superior. Os relógios mais antigos não têm esta aplicação.

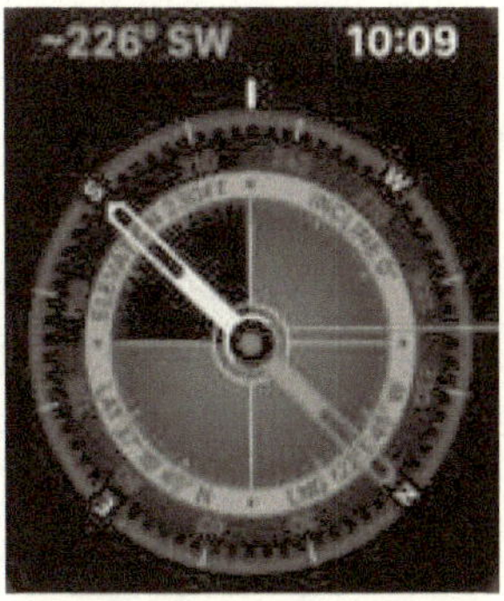

A bússola é praticamente o que seria de esperar: mostra a direção para onde o relógio está virado, juntamente com a localização e a elevação actuais. Pode utilizar a Digital Crown para ver a sua inclinação e outras coordenadas. Premir firmemente o visor permite-lhe editar as suas coordenadas.

Foco

O Focus está no Apple Watch... mais ou menos. O que quero dizer com isto é que não existe um ícone ou uma aplicação com o nome Focus, mas se criar um Focus no iPhone, este aparecerá no relógio. Tudo se sincroniza na perfeição.

Configurar uma focagem no iPhone

Os telemóveis podem distrair-nos das coisas que temos de fazer. Sim, são óptimos para jogar jogos na casa de banho, mas é preciso voltar ao trabalho. Para o ajudar, existe um modo de Foco. Para aceder a este modo, deslize para baixo a partir do canto superior direito e, em seguida, toque no botão Foco.

Existem vários modos de focagem diferentes - cada um com definições diferentes. Alguns enviam-lhe notificações, mas não chamadas, por exemplo.

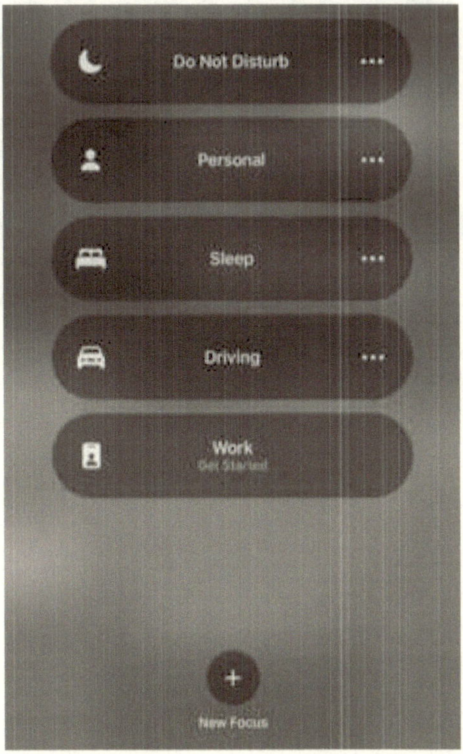

Clicar nos três pontos no canto do modo permite-lhe selecionar o tempo que ficará ligado (se não o fizer, ficará ligado até o desligar).

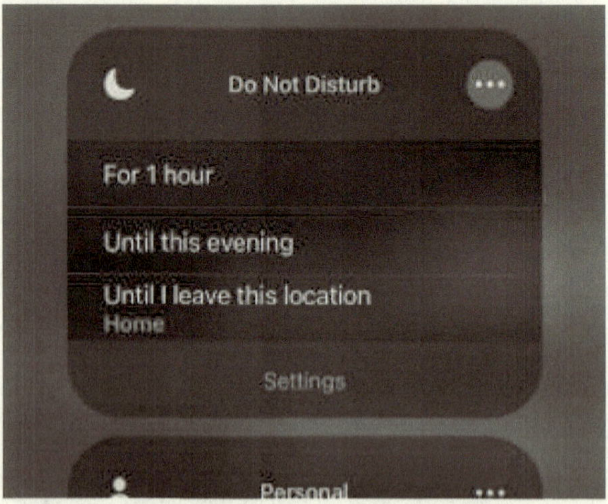

Também pode adicionar um modo. Existem modos predefinidos que podem ser adicionados.

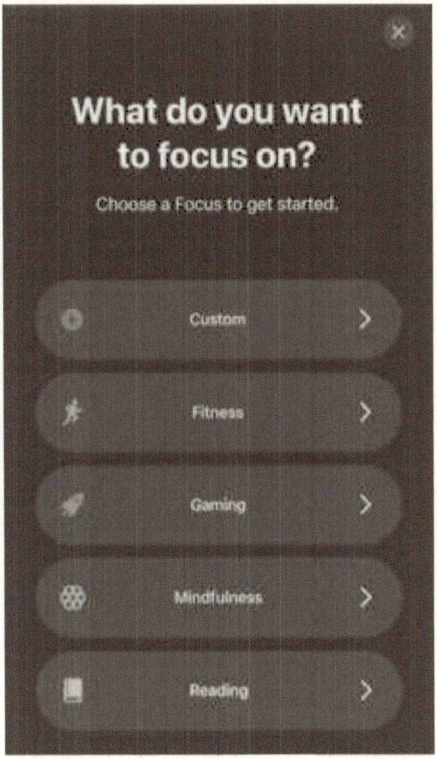

Tocar em cada modo indica-lhe o que o modo faz.

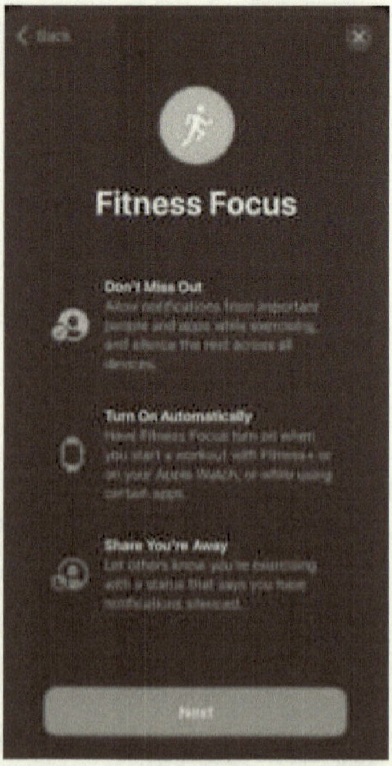

Também pode criar o seu próprio modo personalizado.

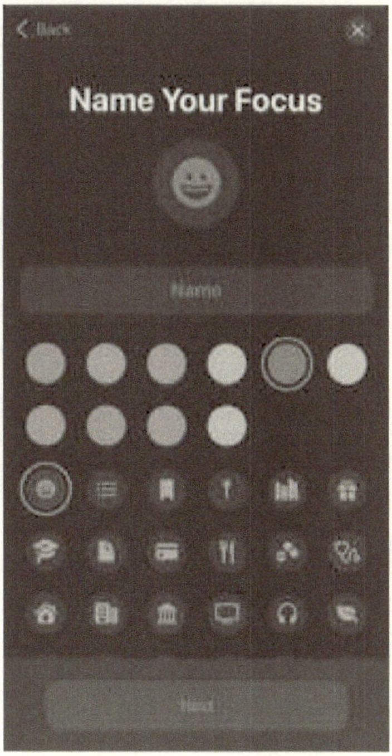

A criação do seu próprio modo permite-lhe definir os limites.

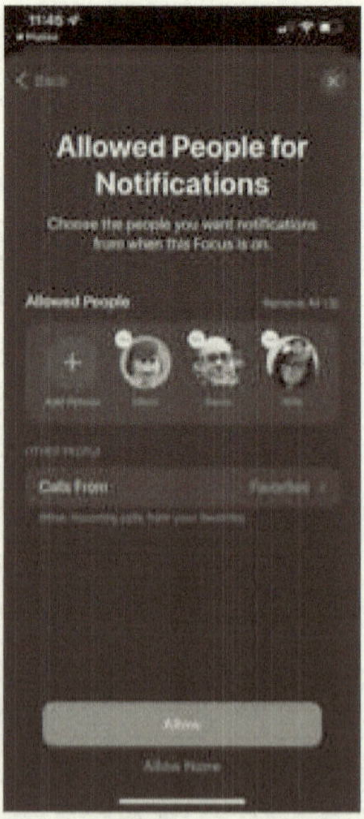

Também pode escolher as aplicações que podem receber notificações. Assim, pode dizer que pode receber Tweets, mas não mensagens do Facebook.

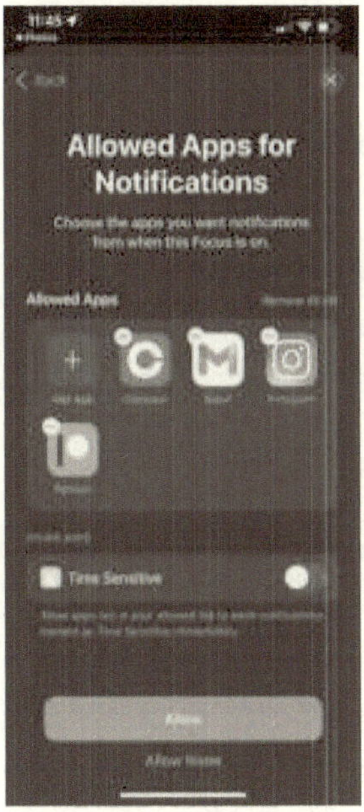

Basta premir Concluído e será adicionado.

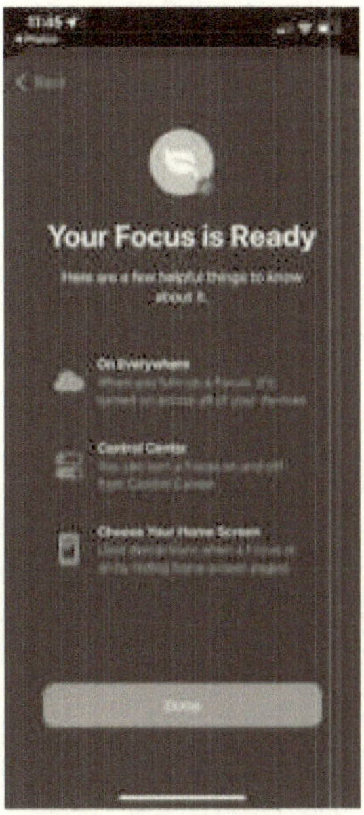

Sempre ligado

Quando as pessoas falam sobre as diferenças entre o Série 5 e os modelos mais antigos, provavelmente citam o ecrã sempre ligado. Nos relógios mais antigos, o ecrã desliga-se assim que pousamos o pulso.

A maioria das pessoas com o Series 5 ou superior irá provavelmente querer mantê-lo ligado; no entanto, poderá haver definições em que gostaria de o desligar. Para o desligar, vá à aplicação Definições no relógio, toque em Ecrã e brilhoe, em seguida, toque em Sempre ligado. Também pode utilizar este ecrã de definições para ocultar notificações sensíveis, como eventos de calendário e mensagens.

[6]

Vamos fazer caretas

Este capítulo abordará:

- O que é um mostrador do Apple Watch?
- Como alterar o mostrador do Apple Watch
- Como personalizar diferentes mostradores do Apple Watch
- Adicionar complicações a um mostrador de relógio
- Rostos de relógios
- Como partilhar um rosto
- Encontrar mais rostos
- Remover um rosto

Uma das coisas que realmente faz com que um Apple Watch se destaque é o carácter pessoal do mostrador do relógio. Quando o Apple Watch original foi lançado, não havia sequer uma dúzia de mostradores; atualmente, existem várias dúzias. Dentro de cada mostrador, existem inúmeras formas de os personalizar e de lhes adicionar complicações (uma complicação do relógio é basicamente uma função dentro do mostrador do relógio - por exemplo, para além de dizer as horas, o mostrador do relógio dá-lhe a informação sobre o tempo ou o estado do surf).

Neste capítulo, veremos como alterar os mostradores, partilhar mostradores e quais são os mostradores oficiais do relógio.

Para começar, vamos ver como mudar um rosto. É simples: prima e mantenha premido o rosto durante cerca de três segundos.

Isto fará recuar um pouco o rosto e mostrar-lhe-á o título do rosto, dando-lhe a opção de o editar e de o partilhar. Veremos a edição e a partilha mais adiante neste capítulo. Por agora, deslize para a esquerda e para a direita para ver os diferentes rostos.

Nesta altura, não lhe vai mostrar todos os rostos. Vai mostrar-lhe as que tem vindo a utilizar. Se é novo no Apple Watch, então será bastante escasso.

Para ver todos os rostos, deslize para a esquerda até chegar ao botão + grande e, em seguida, toque nele.

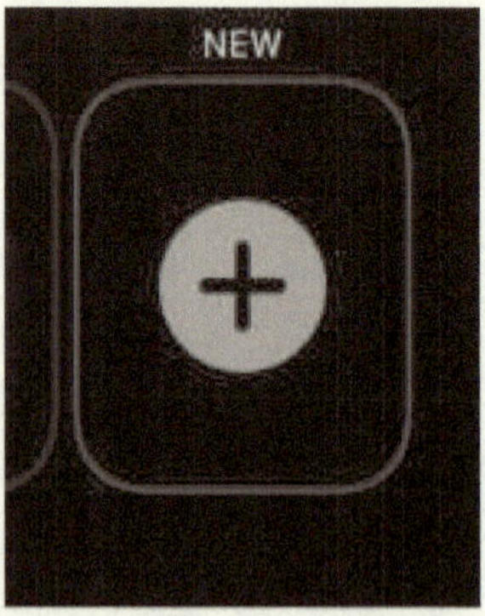

Aparecerá uma longa lista de mostradores de relógio; utilize o dedo para arrastar para cima e para baixo, ou utilize a Digital Crown no seu relógio.

ROSTO DO RELÓGIOS E O QUE FAZEM

Cada mostrador tem pormenores diferentes que podem ser adicionados ou removidos. Segue-se uma lista dos actuais mostradores do relógio e do que lhes pode ser adicionado. Os mostradores que têm ícones de estado podem ser tocados para carregar a aplicação associada. (Nota: nem todos estes mostradores estarão disponíveis nos modelos de relógio anteriores; além disso, alguns só estão disponíveis para modelos de relógio com telemóvel).

Atividade Analógico / Atividade Digital

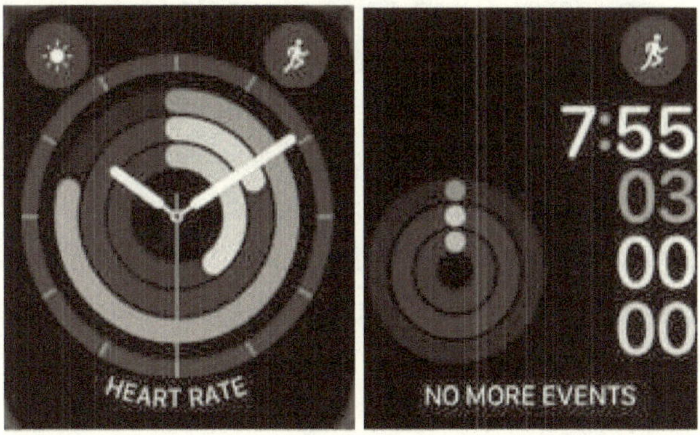

Este é o mostrador a utilizar durante o exercício físico. Mede o seu progresso, mas tem uma sobreposição de um relógio para lhe dar também a hora. Existem duas versões: analógica, sem números, e digital, com números.

Artista

Este rosto é uma colaboração entre a Apple e o artista Geoff McFetridge. McFetridge é um artista nascido no Canadá que vive atualmente em Los Angeles, Califórnia. É conhecido pelas suas cores arrojadas e desenhos simplistas. Já trabalhou para marcas como a Nike e a Patagonia, e também fez a sequência de títulos para os filmes "As Virgens Suicidas" e "Adaptação".

Riscas

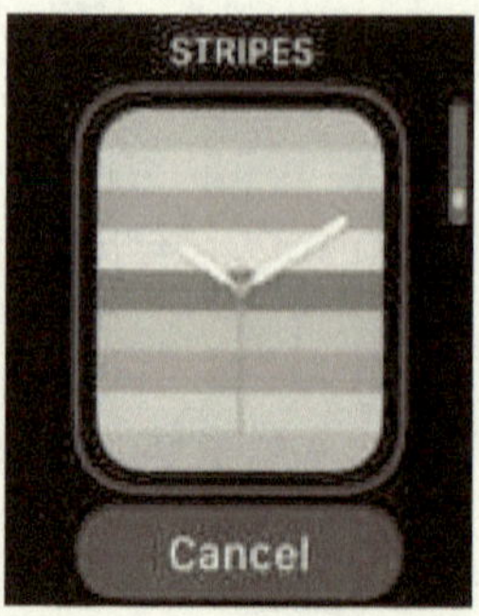

Este rosto inclui diferentes padrões de riscas. A ideia é utilizar estes padrões coloridos para criar equipas desportivas ou cores de bandeiras.

Abordarei a personalização de faces mais abaixo, mas, resumidamente, esta é uma das faces mais complicadas de personalizar devido ao número de opções.

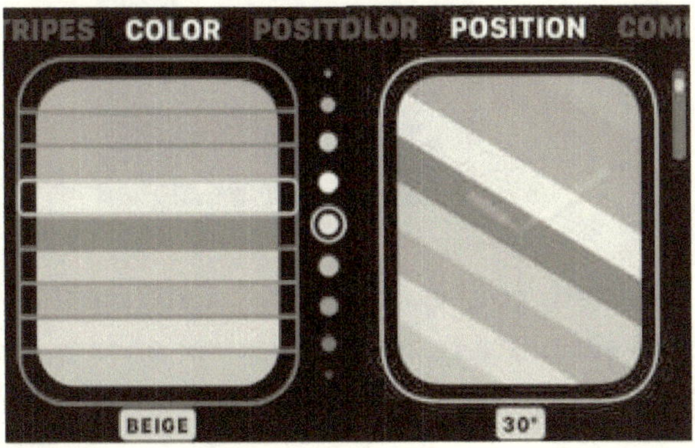

Quando edita a face, pode selecionar uma cor única para cada linha e alterar a posição, para que possa aparecer na horizontal, na vertical ou em ângulo.

RESPIRAR

Liberte o yogi que há em si. Este mostrador de relógio simplista tem um objetivo: encorajá-lo a respirar.

CALIFÓRNIA

A Califórnia transforma o seu mostrador num mostrador de relógio mais tradicional. Há muitas personalizações aqui; pode passar de ecrã inteiro para um mostrador circular, por exemplo, indo às personalizações e rodando a Digital Crown no menu de ecrã inteiro.

MEMOJI

Traz Memojianimados (abordados com mais pormenor na secção seguinte) para o mostrador do relógio.

RATO MICKEY

Com o Rato Mickey (e agora a Minnie Mouse), esta é certamente a experiência de relógio mais caprichosa e animada. Toque nele e ele dirá as horas - se o som estiver ligado. Podem ser adicionados ao mostrador: data, calendário, fase da lua, nascer / pôr do sol, tempo, resumo de actividades, alarme, temporizador, cronómetro, carga da bateria, relógio mundial e acções.

HISTÓRIA DE BRINCAR

Para não ficar atrás da cara do Mickey, está a cara do Toy Story. Toque no ecrã para obter uma animação diferente.

GRADIENTE

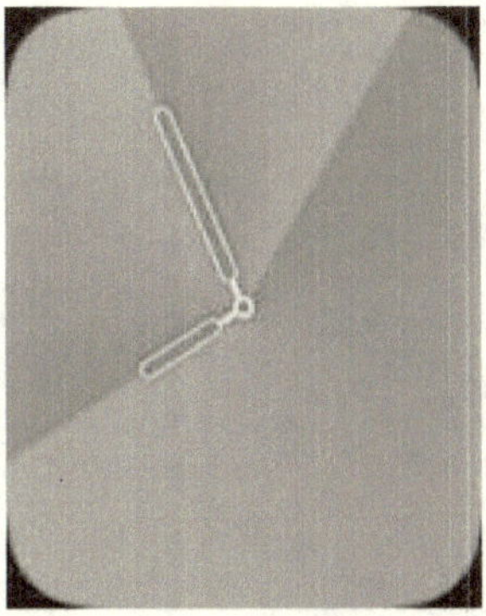

Gradiente é um rosto muito simples que muda ligeiramente com o passar do tempo.

MERIDIANO

Um visual clássico com quatro submostradores.

MODULAR / MODULAR COMPACTO

Um ecrã de aspeto muito moderno com muito espaço para adicionar coisas. A cor pode ser ajustada e podem ser adicionadas as seguintes funcionalidades: calendário, fase da lua, nascer/pôr do sol, meteorologia, acções, resumo de actividades, alarme, temporizador, cronómetro, carga da bateria, relógio mundial. Existem duas versões deste mostrador: Modular e Modular Compact.

Movimento

Este é um dos poucos mostradores do Apple Watch que é totalmente animado. Pode escolher entre uma borboleta, uma flor e uma medusa. O seguinte pode ser adicionado ao mostrador: data.

NUMERAIS / NUMERAIS DUO / NUMERAIS MONO

O Numerals tem três designs únicos (normal, Duo e Mono) com várias personalizações. O design básico mostra as horas de uma forma arrojada e fácil de ler.

CONTAGEM ASCENDENTE

Tocar na moldura desta aplicação permite-lhe começar rapidamente a registar o tempo decorrido.

Simples

Como o nome indica, este é o mostrador de relógio clássico mais simples. O seguinte pode ser ajustado no mostrador: a cor do ponteiro de varrimento e a numeração do mostrador. É possível adicionar o seguinte: data, calendário, fase da lua, nascer / pôr do sol, tempo, resumo de actividades, alarme, temporizador, cronómetro, carga da bateria e relógio mundial.

Solar / Gráfico solar

Dê a conhecer o seu cientista interior com este rosto, que mostra a posição do sol no céu.

UTILIDADE

Um mostrador muito básico e de aspeto clássico; as seguintes características podem ser alteradas: a cor do ponteiro dos segundos e a numeração no mostrador. Podem ser adicionados ao mostrador: data, calendário, fases da lua, nascer /

pôr do sol, meteorologia, resumo de actividades, alarme, temporizador, cronómetro, carga da bateria, relógio mundial e acções.

GMT

A ideia desta face é mostrar vários fusos horários ao mesmo tempo. No mostrador interior é apresentada uma hora de 12 horas (com a hora do local onde se encontra); o mostrador exterior apresenta uma hora de 24 horas.

X-Grande

O X-Large é o rosto moderno mais simplista - é também o mais arrojado. Pode ser ajustado: cor.

Explorador

Este mostrador é um exclusivo para telemóveis. O objetivo do mostrador do relógio é mostrar a intensidade do sinal de telemóvel.

Fogo e Água / Vapor

Anima-se com fumo sempre que a levanta.

TIPOGRAFIA

Apresenta três estilos (personalizado, moderno e arredondado), juntamente com quatro tipos de escrita diferentes (árabe, árabe-indicativo, devanagari e romano).

INFOGRAFIA / INFOGRAFIA MODULAR

Esta era uma face exclusiva do Apple Watch Series 4; dá-lhe uma grande quantidade de informações no seu pulso - tempo noutra cidade, índice UVI, meteorologia, etc.

Se actualizou o seu relógio ou adquiriu um novo, poderá ficar um pouco surpreendido ao ver que agora tem um mostrador a preto e branco. Não se preocupe! A cor ainda existe e é uma solução rápida - basta premir e manter premido, selecionar personalizar e utilizar a Digital Crown para se deslocar até Multicolor e, em seguida, premir duas vezes a Digital Crown.

CALEIDOSCÓPIO

O rosto muda de padrão consoante as suas preferências.

METAL LÍQUIDO

Anima-se com metal a derreter sempre que se levanta o pulso.

ORGULHO / ORGULHO ANALÓGICO

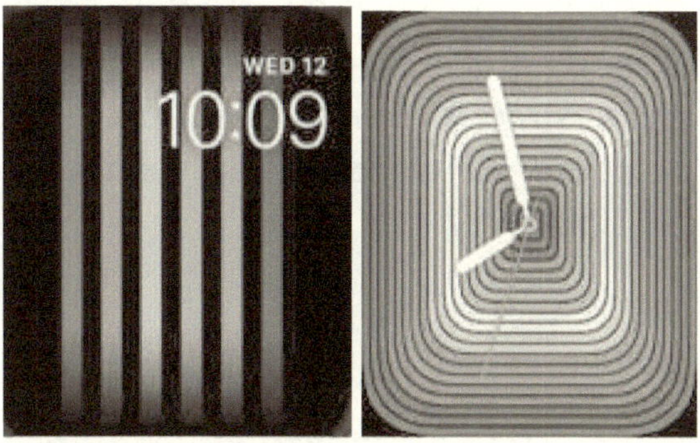

A celebração das cores do Orgulho há muito que é um dos rostos do Apple Watch; a partir do OS 6 e continuando no OS 7, foi incluído um novo rosto analógico.

ASTRONOMIA

Os aficionados do espaço vão rejubilar com este rosto! Podes definir o rosto para mostrar a lua, a Terra ou o sistema solar.

Este mostrador de relógio mostra a posição exacta de diferentes planetas e apresenta o dia, a data e a hora.

Lunar

Lunar mostra os calendários lunares que são utilizados nas culturas chinesa, islâmica, hebraica e outras.

Hora de brincar

O Playtime cria uma versão animada e divertida dos números no mostrador do relógio. Pode rodar a Digital Crown e ver alterações no fundo e confettis a cair - as personagens também reagem quando lhes toca.

Metropolitana

Está a sentir-se um pouco clássico? Experimente a face Metropolitan. Quando se roda a Digital Crown, o estilo até muda.

CRONÓGRAFO (PRO)

Um mostrador de relógio muito preciso e clássico que inclui um cronómetro que pode ser ativado a partir do mostrador do relógio. É possível ajustar os seguintes elementos: detalhes do mostrador e cor do mostrador. Também pode adicionar o seguinte ao mostrador: data, fase da lua, nascer / pôr do sol, calendário, meteorologia, acções, resumo de actividades, alarme, temporizador, carga da bateria e relógio mundial.

Cor

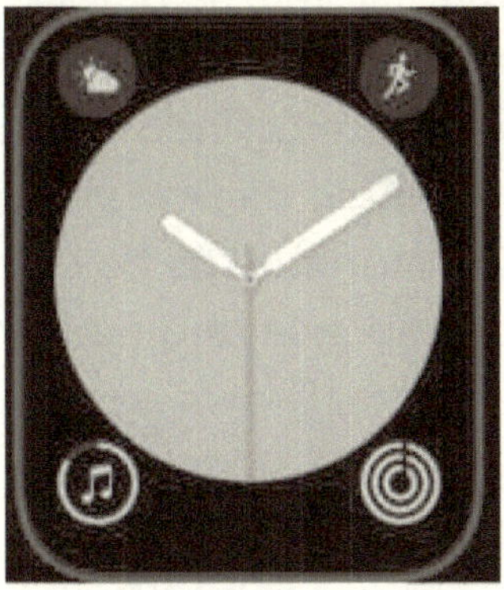

Um mostrador muito básico cuja principal caraterística é a mudança de cores. O seguinte pode ser ajustado: cor do mostrador. Podem ser adicionados os seguintes elementos ao mostrador: data, fase da lua, nascer / pôr do sol, meteorologia, resumo de actividades, cronómetro, temporizador, carga da bateria, relógio mundial e o seu monograma.

Siri

O mostrador Siri não se parece com o que se espera; pensa-se em Siri e talvez se pense naquelas ondas que aparecem quando se diz "Hey Siri"; o mostrador do relógio dá uma vista de olhos ao seu dia (como os compromissos do calendário, o trânsito e o tempo) e apresenta-o de forma organizada; pode rodar a Digital Crown para ver mais eventos.

Snoopy

Adivinha só? O melhor cão do mundo, o Snoopy, está a chegar ao Apple Watch! Este mostrador do relógio é sobre o Snoopy a brincar com o seu amigo Woodstock. Podes vê-los a divertirem-se no teu pulso! Além disso, há uma definição fixe de "Surpresa de Domingo" - ligue-a e, todos os domingos, verá o fundo mudar de cor, fazendo referência às bandas desenhadas de domingo. Não é divertido?

Paleta

Conheça Palette! Este mostrador de relógio dá vida às cores, com tons dinâmicos a iluminar diferentes elementos e gradientes que dançam à medida que o ponteiro dos segundos se move. Imagine isto: um relógio analógico no centro, com quatro funcionalidades úteis - Exercício, Ponto de passagem do carro estacionado, Temporizador e Música - colocadas à sua volta. E adivinha? Pode brincar com a cor! Além disso, vem equipado com uma tonelada de complicações úteis, como Atividade, Alarmes, Meteorologia e até Walkie-Talkie! Por isso, tem imensas opções para o tornar seu! Fixe, não é?

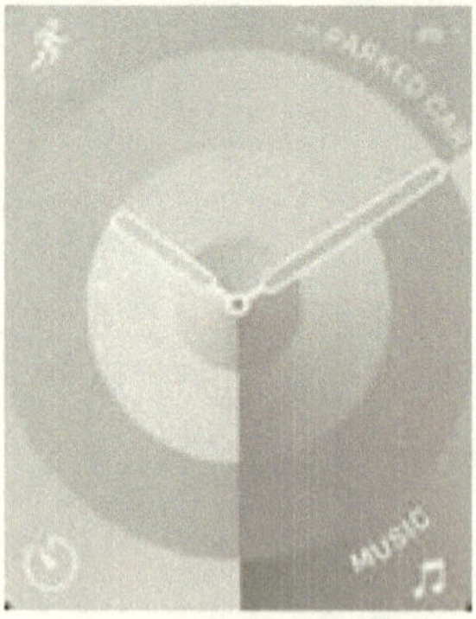

Solar Analógico

Veja o Solar Analog! Este mostrador de relógio é como uma pequena fatia do dia no seu pulso, com luz e sombras que se movem com base na posição do sol. Tem a data no topo e pode ver as suas mensagens logo abaixo. Quer um pouco de personalização? Pode brincar com a cor, o estilo e a luz para que se adapte ao seu estilo! E o melhor de tudo é que está repleto de funcionalidades úteis - desde Atividade e Alarmes a Meteorologia e Exercício, e sim, até um Walkie-Talkie! É como ter uma mini agenda no pulso!

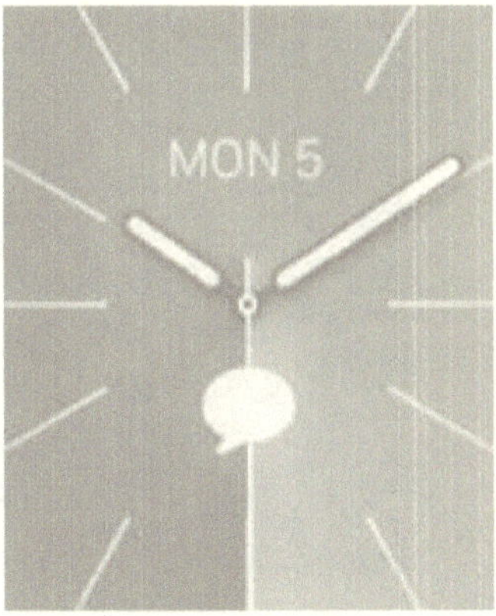

Globo Nike

Apresento-te o Nike Globe! Este mostrador de relógio emite umas vibrações retro de ficção científica e permite-lhe ter até quatro complicações. Imagina que, no centro, tens um relógio digital e, à volta, tens o Workout, o Parked Car Waypoint, o Timer e a Music! Quer misturar as coisas? Vá em frente e brinque com as cores! E atenção, não se trata apenas de aparência - o Nike Globe vem carregado com todo o tipo de funcionalidades! Quer goste de correr com o Nike Run Club, de controlar a sua saúde ou apenas precise de encontrar o seu carro estacionado, este mostrador de relógio tem tudo o que precisa! É como um pequeno centro de comando, mesmo no teu pulso!

Modular Ultra

(Disponível apenas nos dispositivos Apple Watch Ultra)

Conheça o Modular Ultra! Imagine ter um mostrador de relógio com sete complicações e seis esquemas de horas fixes. Com uma complicação grande mesmo no meio, é fácil ver pormenores importantes como o rumo da bússola ou um cronómetro em funcionamento. Quer mais? Tem dados de profundidade ou elevação em tempo real e segundos a contar nas extremidades. Não se esqueça da elegante versão nocturna que muda para luz vermelha, mantendo a sua visão nocturna intacta! Veja a informação de elevação em ambos os lados, complicações úteis como a música e a bússola na parte superior, um relógio digital um pouco mais abaixo e outras coisas como a fase da lua e a hora mundial perto da parte inferior, com a elevação atual a arrepiar no final. Apetece-lhe uma mudança? Ajuste a cor, o estilo e o modo noturno a seu gosto! Este mostrador é como ter um mini painel de instrumentos no pulso, com tudo, desde o controlo da saúde a atalhos e actualizações meteorológicas.

MARCADOR SOLAR

Este mostrador apresenta um mostrador de 24 horas que segue o sol; o mostrador (analógico ou digital) move-se no sentido oposto ao da trajetória do sol.

Lapso de tempo

Inclui vídeos de lapso de tempo que mudam de manhã, à tarde e à noite à medida que o tempo passa (também pode utilizar a Digital Crown para a mover); pode escolher entre uma paisagem natural e uma paisagem urbana. Neste momento, as paisagens incluem: Mack Lake, Nova Iorque, Hong Kong, Londres, Paris e Xangai.

Hora mundial

Quer manter a classe? O mostrador World Time Face pode ser o ideal para si. Permite-lhe ver as horas em 24 fusos horários ao mesmo tempo. Parece um pouco cheio, certo? Talvez, mas eles encontraram uma forma de o fazer funcionar - e de parecer deslumbrante no processo.

FOTOS

O melhor mostrador de relógio para o fim, na opinião de muitas pessoas: fotos. O Fotos permite-lhe mostrar um slideshow de fotografias e a hora. Assim, sempre que levanta o pulso, espera-o algo de novo. As fotografias em direto até têm animações!

Para adicionar este mostrador, deslize o dedo para a esquerda de todos os mostradores do relógio e toque em Novo.

Agora, desloque-se para baixo até Fotos e toque uma vez.

Se pretender mostrar apenas uma fotografia em particular, abra a aplicação Fotografias no seu relógio.

Desloque-se para a fotografia pretendida. Na fotografia abaixo, verá um ícone no canto inferior direito de um círculo com pontos - isto indica que a fotografia é uma fotografia em direto e será animada como um mostrador do Apple Watch.

Quando estiver no ecrã, prima com firmeza. Aparecerá uma opção para o transformar no mostrador do relógio.

Pode transformá-lo num mostrador de relógio normal ou num mostrador abstrato (caleidoscópio).

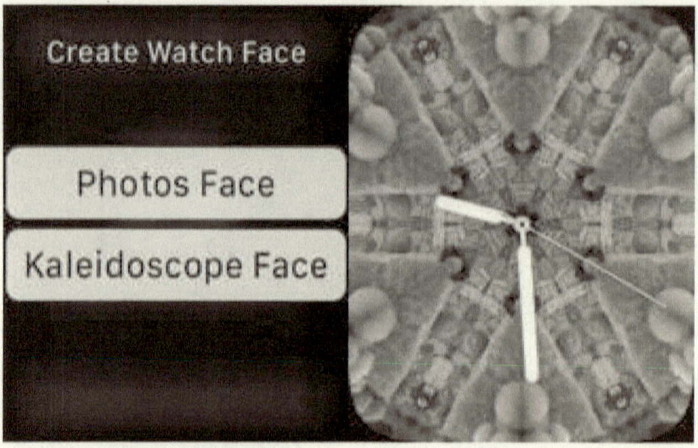

Se pretender remover um mostrador do relógio, basta ir para alterar o mostrador como faria normalmente e deslizar para cima.

Retrato do mostrador do relógio

O retrato é um dos melhores estilos de fotografia no iPhone, e também o pode colocar no relógio. O que é realmente intuitivo neste mostrador do relógio é que não é apenas a fotografia - é uma versão dinâmica da fotografia. Rode a coroa digital e veja as camadas da fotografia a destacarem-se.

Os primeiros passos são ligeiramente diferentes dos da maioria dos mostradores de relógio, uma vez que não é exatamente no relógio que se faz isso. Quando acede ao mostrador, é-lhe apresentada uma pré-visualização, mas é-lhe dito que tem de aceder ao telemóvel para o fazer.

Abra o iPhone, aceda à aplicação Relógio e, em seguida, à Galeria de rostos. Seleccione Retratos e verá novamente que não é possível adicioná-lo. Desta vez, a mensagem dirá que tem de adicionar fotografias. Toque em para escolher imagens e, em seguida, comece a selecionar as fotografias de retrato que pretende colocar no seu mostrador.

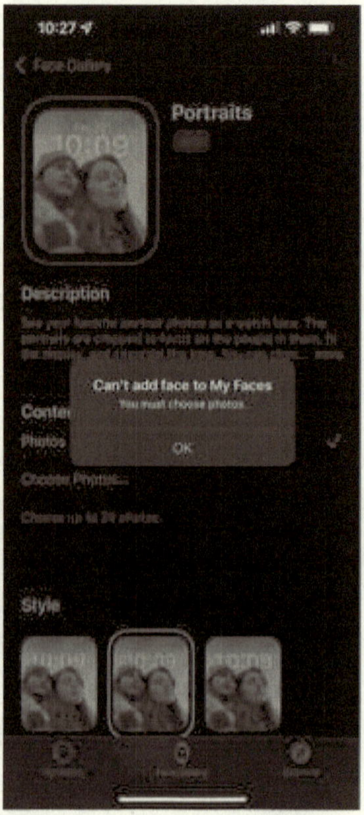

Pode estilizá-lo como quiser. Quando estiver pronto, toque no botão Adicionar.

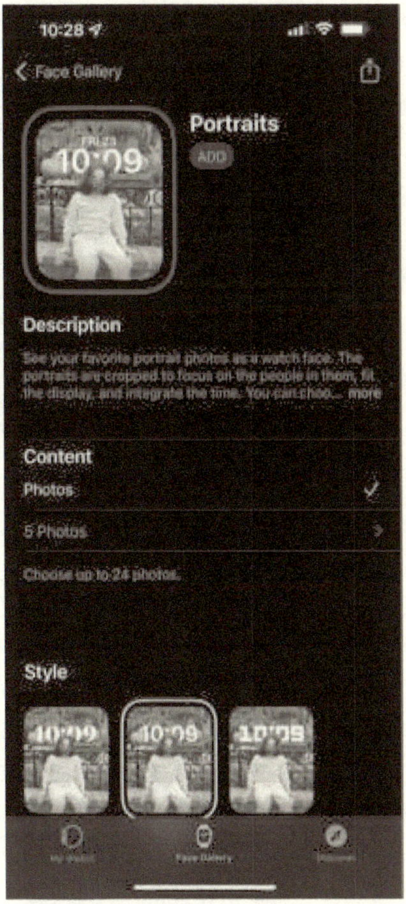

Agora pode aceder ao seu relógio, vê-lo e editá-lo.

Editar um mostrador de relógio

Cada mostrador de relógio tem personalizações diferentes; alguns têm muito pouco que se pode alterar e outros têm dezenas de coisas.

Para fazer alterações a um rosto, toque sem soltar durante três segundos e seleccione Editar.

Como exemplo, vou mostrar um rosto Memoji só porque há muitas edições que podem ser feitas aqui. Reparou que, do lado direito, há um pequeno ecrã? Pode arrastar para cima ou para baixo e mudar o carácter Memoji.

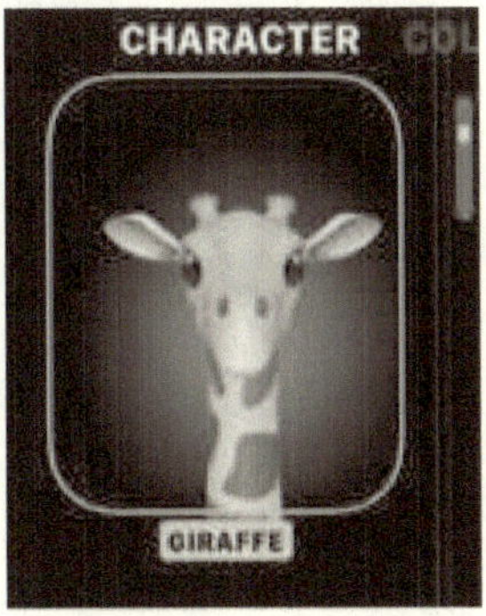

Quando encontrar o carácter que pretende, pode arrastar uma vez para a direita para aceder ao menu Cor. Agora pode selecionar uma cor de fundo no lado direito.

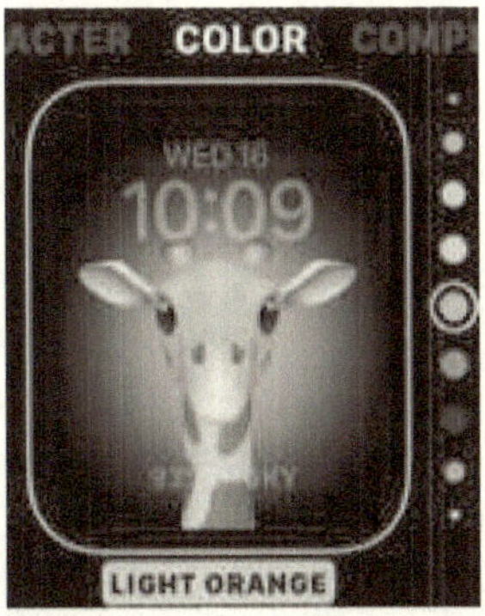

Deslize novamente para a direita e verá as complicações disponíveis. Nem todas as complicações estão disponíveis neste mostrador.

Quando estiver satisfeito com as minhas alterações, posso premir a Digital Crown para as guardar.

Partilhar um mostrador de relógio

Se passaste vários minutos a criar um mostrador de relógio, provavelmente estás muito orgulhoso, certo? Porque não partilhá-lo?

Para partilhar, prima o rosto durante três segundos para abrir o menu de opções e, em seguida, toque no botão de partilha à esquerda do botão Editar.

Depois de tocar em partilhar, aparece uma Mensagem; toque em Adicionar contacto para selecionar com quem a vai partilhar. Em Criar mensagem, pode escrever uma mensagem ou deixá-la em branco.

Quando estiver satisfeito, desloque-se para baixo e toque em Enviar.

Encontrar um mostrador de relógio

Se pretender adicionar um novo rosto que não esteja na lista de rostos, tem duas opções.

Se souber o nome do rosto, vá à App Store no seu relógio e procure-o.

A segunda opção é ir ao sítio Web onde se encontra o rosto e tocar em adicionar para ver

Remover um mostrador de relógio

Quando começar a adicionar rostos, pode achar que tem demasiados e que demora muito tempo a alternar entre eles.

Pode remover rapidamente um mostrador mantendo premido o mostrador do relógio, deslizando para o mostrador que pretende remover e, em seguida, deslizando para cima. Aparecerá uma confirmação sobre a remoção do mostrador. Basta tocar em remover e o mostrador desaparece.

Efetuar alterações no iPhone

Já vimos como mudar um mostrador no Apple Watch; é bastante fácil. Mas também é bastante pequeno. Se achar que é difícil, existe uma segunda opção: utilizar o iPhone.

Quando abrir a aplicação Apple Watch, verá todos os seus mostradores do relógio na parte superior. Pode deslizar para a esquerda e para a direita, tal como faria no seu relógio.

Se quiser editar o mostrador, basta tocar nele uma vez. Todas as alterações que poderia fazer no seu relógio estão aqui, mas são um pouco mais fáceis de ver porque há mais espaço no ecrã.

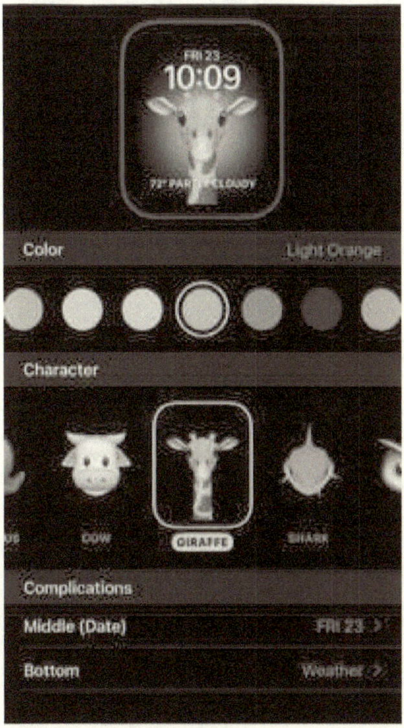

Depois de fazer as alterações, basta deslocar-se para baixo e tocar em Definir como mostrador do relógio atual (assumindo que não é já o mostrador do relógio); as alterações são sincronizadas automaticamente.

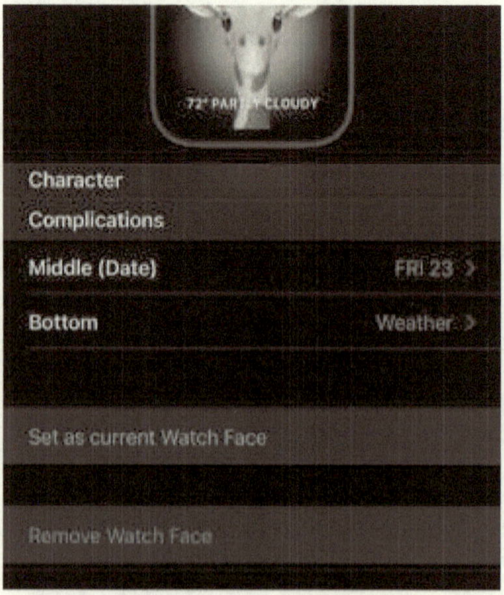

Pode até partilhar o mostrador do relógio a partir do seu telemóvel. Basta tocar no mostrador que pretende partilhar e tocar no botão de partilha no canto superior direito.

Aparecerá um menu suspenso a perguntar como pretende partilhá-lo - pode enviá-lo por correio eletrónico, enviá-lo para o Slack, enviar mensagens de texto, etc.

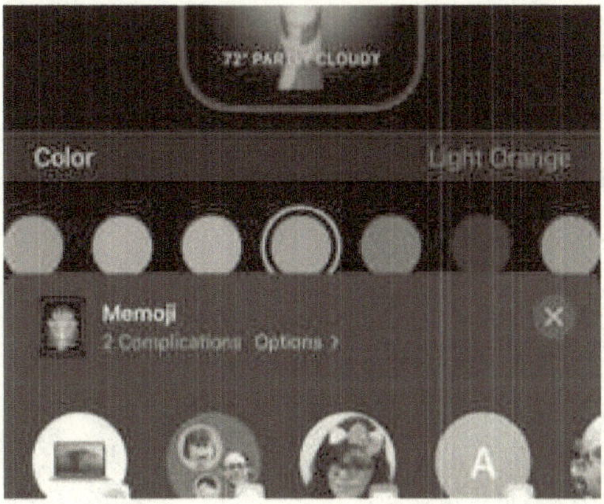

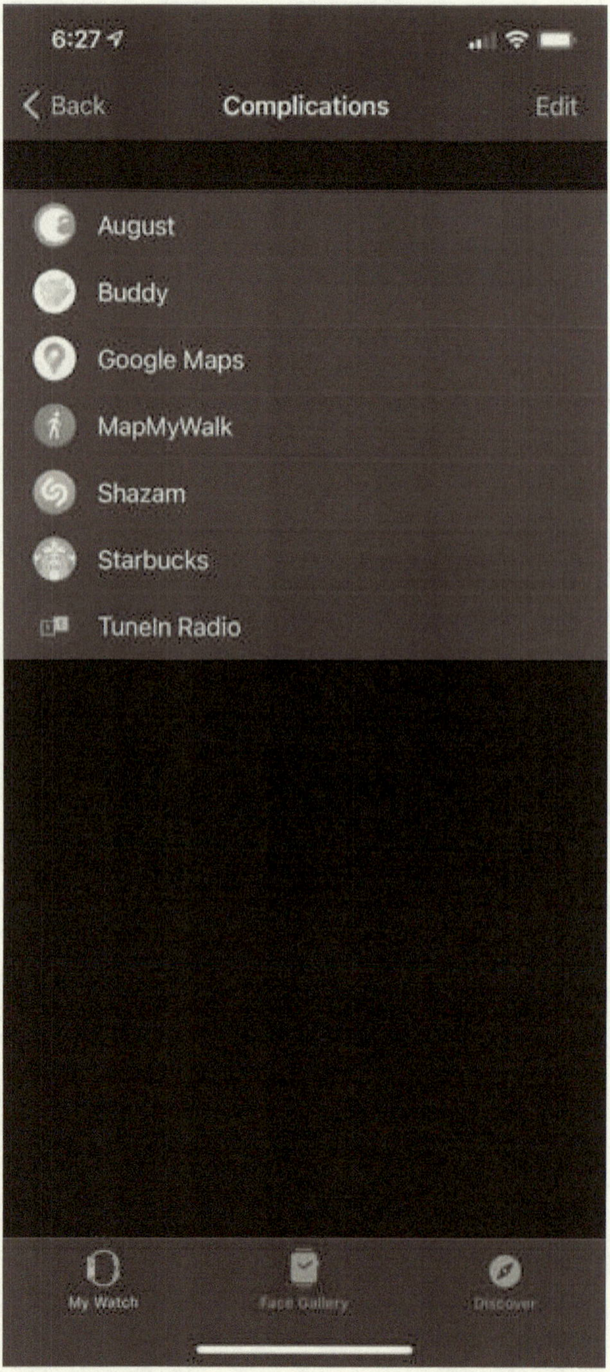
6:27
Back
Complications
Edit
August
Buddy
Google Maps
MapMyWalk
Shazam
Starbucks
TuneIn Radio
My Watch
Face Gallery
Discover

6:31
Face Gallery
New in watchOS
Typograph
Memoji
GMT
Activity
Artist
My Watch
Face Gallery
Discover

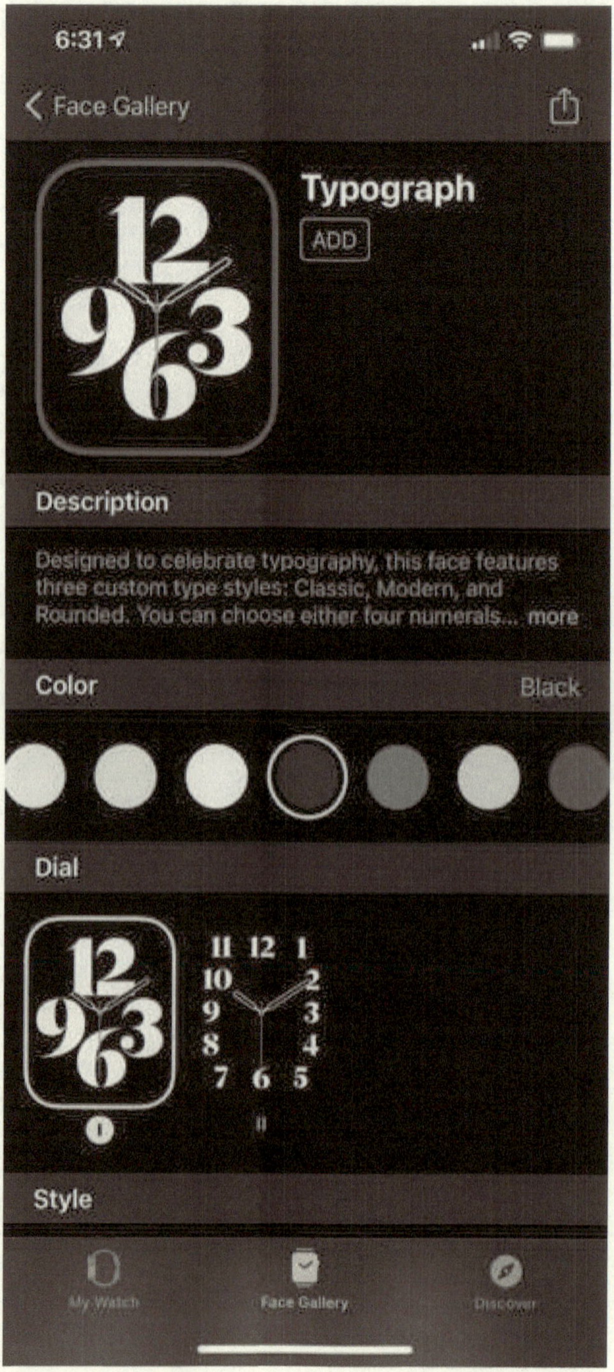
6:31
Face Gallery
Typograph
ADD
12
9
3
6
Description
Designed to celebrate typography, this face features three custom type styles: Classic, Modern, and Rounded. You can choose either four numerals... more
Color
Black
Dial
11 12 1
10 2
9 3
8 4
7 6 5
Style
My Watch
Face Gallery
Discover

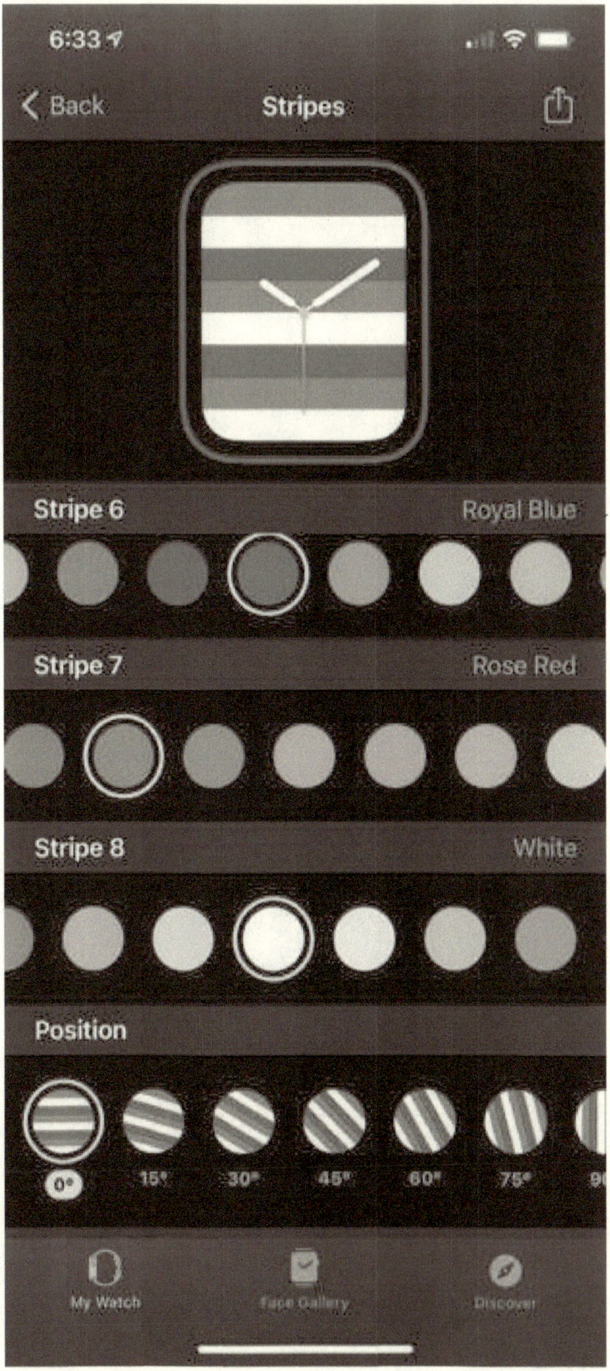
6:33
Back
Stripes
Stripe 6
Royal Blue
Stripe 7
Rose Red
Stripe 8
White
Position
0°
15°
30°
45°
60°
75°
My Watch
Face Gallery
Discover

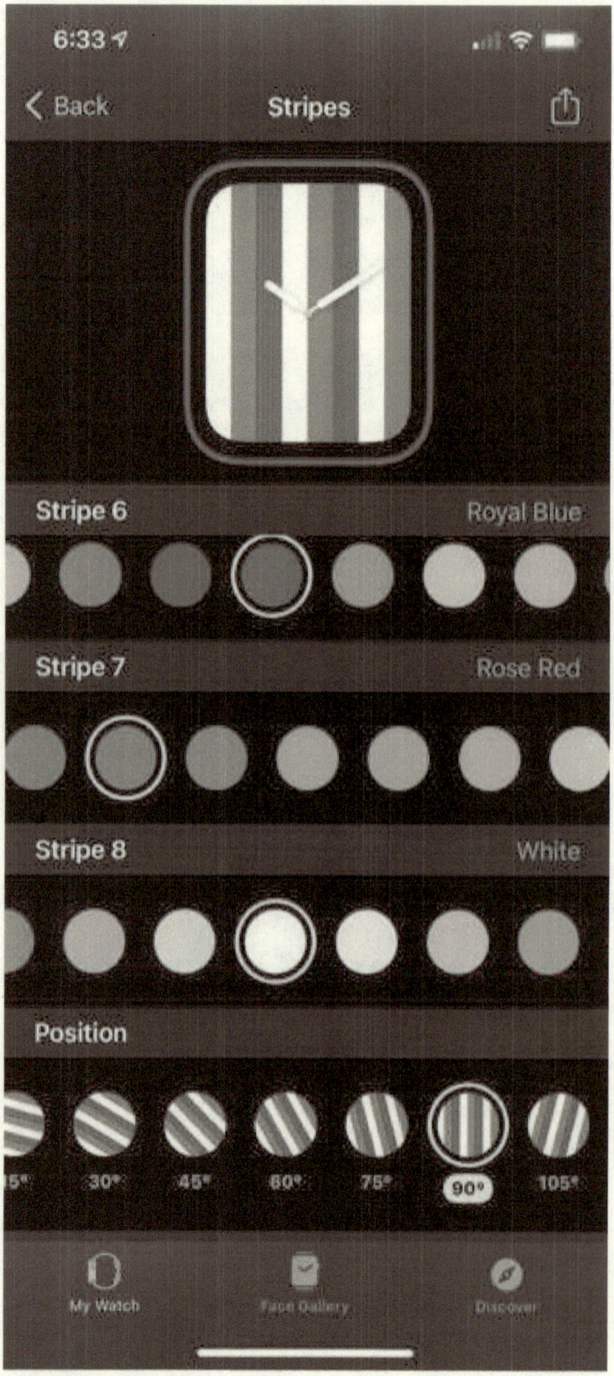
6:33
Back
Stripes
Stripe 6
Royal Blue
Stripe 7
Rose Red
Stripe 8
White
Position
30°
45°
60°
75°
90°
105°
My Watch
Face Gallery
Discover

[7]

QUE MAIS PODE O RELÓGIO FAZER?

Este capítulo abordará:

- Criar um Memoji
- Enviar / receber mensagens
- Ler / enviar correio eletrónico
- Utilizar a Siri
- Fazer chamadas telefónicas
- Lavar as mãos
- Adicionar eventos do calendário
- Definir lembretes
- Utilizar o mapa
- Utilizar fotografias
- Ouvir música
- Verificar o tempo
- Definir alarmes e temporizadores
- Utilizar o Apple Watch com a Apple TV
- Utilizar o Apple Watch como um Walkie-Talkie

Memoji

Se nunca criaste um Memoji no seu telemóvel, está a perder uma oportunidade. São divertidos e é melhor mostrá-los do que explicá-los. No entanto, em termos mais simples: são avatares que pode enviar para se expressar.

Agora pode criar um Memoji diretamente no seu relógio. Para começar, abra a aplicação Memoji.

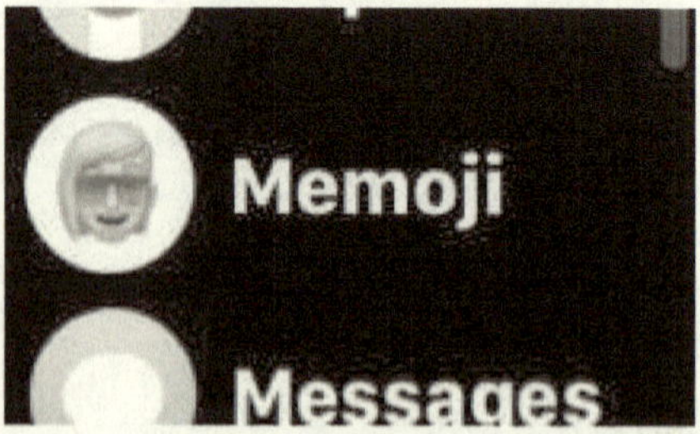

Se já tiver Memojino seu telemóvel, então irá vê-los aqui. Pode tocar neles para os editar. Para criar um novo Memoji, toque no ícone grande +.

A primeira coisa que vês é um ícone careca. Podes percorrer uma longa lista de coisas que podes mudar: pele, penteado, sobrancelhas, olhos, cabeça, nariz, boca, orelhas, pêlos faciais, óculos e chapéus.

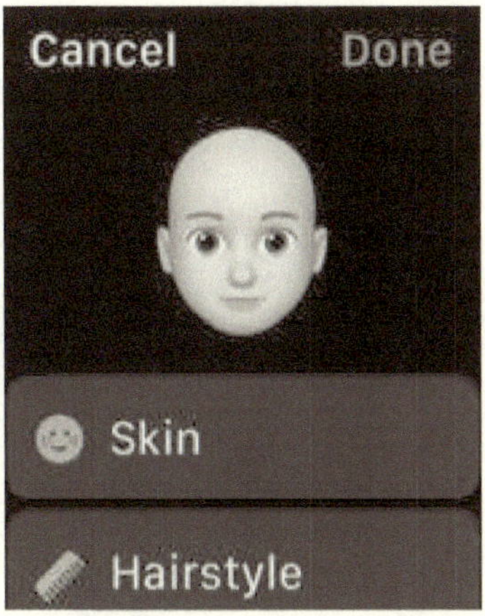

Cada coisa que selecionar terá submenus para ainda mais coisas que pode alterar. No exemplo abaixo, repara que diz "Cor" e, ao lado, diz Sardas? Basta deslizar horizontalmente para ir para o submenu seguinte.

Em toucado, pode até selecionar se quer que o seu Memoji use uma cobertura facial.

Quando terminar, seleccione Concluído. Se decidir alterar algo mais tarde, basta tocar no Emoji e selecionar no menu o que pretende alterar.

Criar um Memoji Rosto do relógio

Também pode utilizar o seu Memoji como mostrador do relógio. Basta ir à aplicação Memoji, tocar no Memoji que pretende utilizar como mostrador do relógio e selecionar "Criar mostrador do relógio."

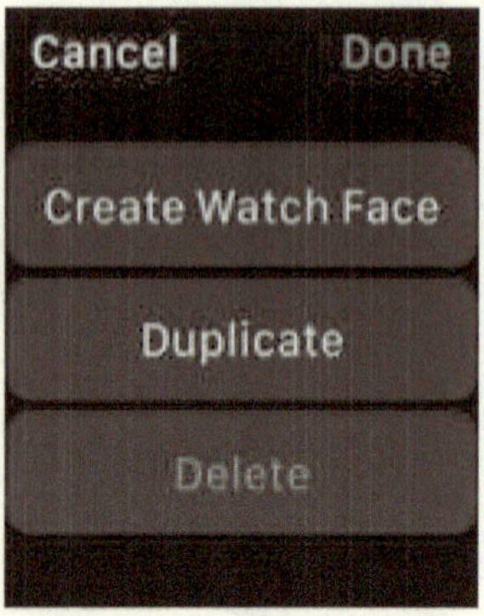

Depois de o criar, terá um aspeto semelhante ao da imagem abaixo; cada vez que levantar o pulso, terá uma expressão diferente.

Eliminar um Memoji

Se pretender eliminar um Memojibasta abrir a aplicação Memoji, tocar no avatar que pretende eliminar, deslocar-se para o fundo e tocar em Eliminar.

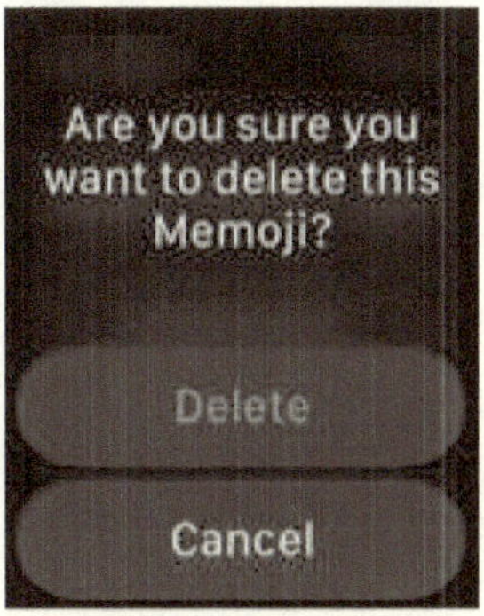

Utilizar Memoji numa mensagem

Abordarei o tema Mensagens na próxima secção, mas, muito rapidamente, saliento que agora pode utilizar qualquer Memoji que tenha criado numa mensagem.

Para o fazer, abra a aplicação Mensagem e, em seguida, toque no botão Memoji quando responder.

Verá uma lista de todos os seus autocolantes Memoji autocolantes. Toque no avatar que pretende utilizar.

Em seguida, toque no tipo de expressão que pretende aplicar.

Verá o Memoji na resposta à sua mensagem.

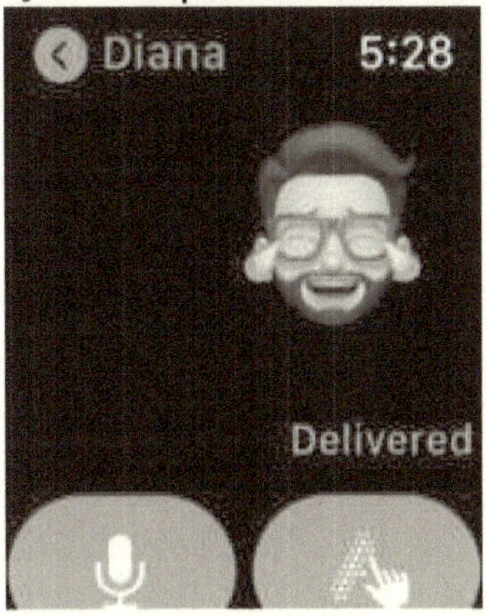

Utilizar Memoji no iPhone

Depois de criar um Memoji digno de uma galeria de arte, como é que o utiliza no seu telemóvel? Fácil! Abra a aplicação de mensagens - já lá está! Sincroniza-se automaticamente.

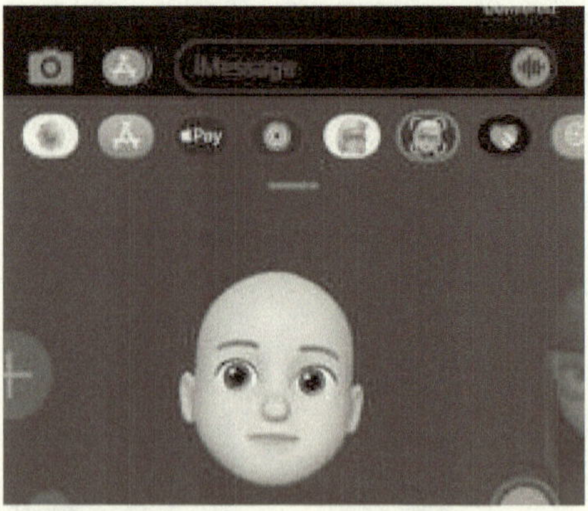

Mensagens

A primeira coisa que deve saber sobre o Mensagens é que este não é o local para escrever uma nota de amor épica. É o sítio onde se enviam respostas rápidas. Tecnicamente, poderias fazer algo um pouco mais grandioso, mas o tempo e o esforço envolvidos tornam-no bastante infrutífero.

Para iniciar uma nova mensagem, vá para o ecrã inicial do seu relógio e abra a aplicação Mensagens Mensagens. Em seguida, seleccione Nova mensagem.

A partir daqui, toque em Adicionar um contacto. Depois de escolher o contacto, toque em Criar mensagem.

Existem algumas formas de criar uma mensagem. A primeira é ditando-a. Quando a dita, o sistema ouve o que diz e transcreve-o - nem sempre com exatidão (especialmente se houver ruído).

A segunda forma é rabiscar. Quando rabisca, escreve as letras uma de cada vez. Se precisar de alterar uma letra, pode apagá-la ou tocar na letra e percorrer mais opções.

A seguir, a mensagem com toques (o ícone com o coração e o dedo). Isto é bom se estiver a tentar chamar a atenção de outra pessoa que também esteja a usar um Apple Watch. A pessoa sente a vibração do toque que lhe enviar.

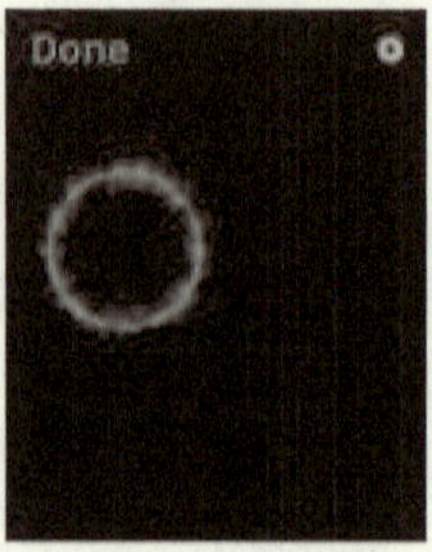

Também pode enviar um emoji e Memoji's.

Por baixo das cinco formas de criar mensagens encontram-se frases comuns. Toque em qualquer uma delas e esta será adicionada à mensagem.

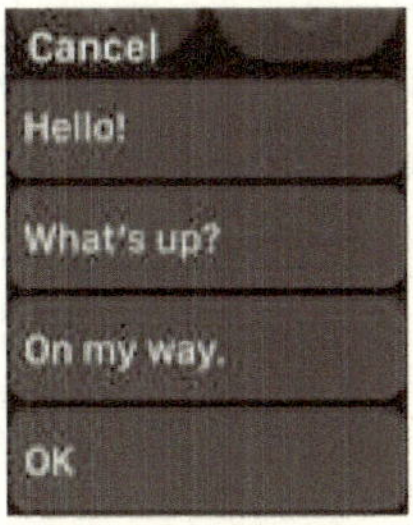

Quando recebe uma mensagem, o Apple Watch toca-lhe. Mova a mão na sua direção e a mensagem aparece automaticamente; quando pousar a mão, a mensagem desliga-se novamente. Utilize o botão lateral do relógio para percorrer a mensagem. Terá os mesmos métodos de resposta que tinha quando mostrei como escrever uma mensagem (acima).

A maior diferença é que o Apple Pay é agora uma opção. O Apple Pay permite-lhe enviar dinheiro a alguém. Por isso, se for almoçar fora com um amigo, pode pagar a sua parte da conta diretamente a partir do relógio.

Se não for necessária uma resposta, prima o botão "Dispensar" em vez do botão "Responder".

Se não estiver a receber mensagens no seu relógio, é provável que uma definição não esteja activada; pode alterar as definições de Mensagens a partir da aplicação Apple Watch no iPhone.

Correção de erros tipográficos

Escrever num ecrã pequeno não é a melhor experiência; é bom quando não se tem o telemóvel à mão, mas mesmo assim pode ser frustrante. Isto pode ser especialmente verdade quando se tenta corrigir um erro de digitação. Tentar tocar exatamente onde se quer ir para corrigir o erro nem sempre é exato. Rodar a Digital Crown permite deslocar-se mais facilmente para o local a corrigir.

Teclado completo

Uma das maiores vantagens do Apple Watch Series 7 e superior em relação aos dispositivos mais antigos é um teclado de tamanho normal. Já não é preciso ditar o que se quer dizer. Este teclado tem o mesmo aspeto que teria num dispositivo de grandes dimensões. Continua a ser um pouco complicado de utilizar, mas esse espaço extra no ecrã é muito útil. Também suporta o QuickPath, que permite deslizar de letra para letra sem levantar o dedo, e consegue prever a palavra que vai escrever.

LER E ENVIAR CORREIO ELETRÓNICO

Quando recebe correio, recebe uma notificação; mas também existe uma aplicação para ler e gerir o seu correio eletrónico. Tal como no iPhone, a aplicação de correio eletrónico chama-se simplesmente "Mail".

Para começar, vá para a aplicação no seu ecrã inicial e toque nela. Parece bastante simples, mas tem muito que se lhe diga. Pode percorrer as suas mensagens a partir da aplicação. Para ler uma mensagem, toque na mesma.

Em qualquer altura, pode continuar a ler a mensagem no iPhone, deslizando para cima o ícone do Mail, no canto inferior esquerdo do ecrã de bloqueio do iPhone. (Nota: a transferência precisa de ser configurada, por isso, se ainda não o fez, consulte como configurar a transferência neste livro).

Embora o Apple Watch suporte formatos HTML (incluindo diferentes tipos e cores de letra), pode parecer um pouco estranho, por isso, para mensagens complexas, o iPhone é o melhor local para as ler.

Se for uma mensagem longa, pode utilizar o botão Digital Crown para a percorrer.

Quando uma mensagem inclui números de telefone ou endereços, o relógio reconhece-os automaticamente e transforma-os em hiperligações. Se tocar nelas, será aberta a aplicação Telefone ou Mapa (dependendo da hiperligação).

Para responder a uma mensagem de correio eletrónico, é necessário utilizar o iPhone para a redigir.

Gerir o correio

Assinalar um e-mail

Quando estiver a ler uma mensagem de correio eletrónico no relógio, pode premir firmemente o ecrã e, em seguida, tocar em Sinalizar. Também pode sinalizar uma mensagem da sua lista de mensagens deslizando a mensagem para a esquerda e, em seguida, tocando em Mais.

Marcar como não lido

Se pretender marcar uma mensagem como não lida, vá para a sua lista de mensagens, deslize para a esquerda, toque em Mais e, em seguida, toque em Não lida.

Eliminar um e-mail

Se pretender apagar uma mensagem, vá para a lista de mensagens, deslize para a esquerda, toque em Mais e, em seguida, toque em Lixo. (Nota: se o seu e-mail estiver configurado para arquivar uma mensagem, verá o botão Arquivar em vez do botão do Lixo).

Selecionar as caixas de entrada que aparecem

Pode não querer que todo o seu correio eletrónico apareça no seu relógio. Digamos que tem um e-mail do trabalho, um e-mail da família e um e-mail de spam, e que pretende que apenas o e-mail da família apareça. Se for esse o caso, aceda à aplicação Apple Watch no iPhone, toque em O meu relógio e, em seguida, aceda a Correio e Incluir correio. Especifique a caixa de correio que pretende ou não que apareça.

Personalizar alertas

Se quiser alterar a forma como é alertado quando recebe correio (ou se não quiser receber nenhum alerta), aceda à aplicação Apple Watch no iPhone, toque em O meu relógio e, em seguida, active Alertas de correio e Mostrar alertas. "Som" são os alertas que emitem ruídos e "Haptic" são os alertas que vibram.

Lista de mensagens

Se achar que a sua lista de mensagens de correio eletrónico é simplesmente demasiado longa, pode reduzir o número de linhas da pré-visualização indo à aplicação Apple Watch, tocando em O meu relógio e depois em Correio e Pré-visualização de mensagens; escolha duas linhas de mensagem, uma linha de mensagem ou nenhuma linha de mensagem.

Siri

Se gosta da Siri no iPhone, vai adorá-la ainda mais no seu pulso. Não gosta dela? Dê-lhe uma segunda oportunidade, porque ela recebeu uma pequena atualização.

Pode aceder ao Siri de duas formas (rapidamente descobrirá que existem várias formas de realizar a maioria das tarefas no relógio):

1. Prima o botão Digital Crown botão.

2. Levante o pulso e fale (diga adeus ao "Hey Siri"). Basta dizer o que pretende (por exemplo, "Como está o tempo em Paris?", "Quem ganhou o jogo dos Yankees de ontem à noite?"); pode utilizar a Siri para abrir aplicações, definir alarmes, telefonar a amigos - praticamente tudo o que se lembrar. Sem teclado integrado em muitos dos relógios, o Siri é mais importante do que nunca.

FAZER CHAMADAS TELEFÓNICAS

Embora não se deva comprar um Apple Watch para se vestir de Dick Tracy e fazer chamadas telefónicas a partir do pulso, é certamente um toque agradável... e é bastante simples de fazer.

Quando o relógio estiver sincronizado com o iPhone, está pronto para começar a fazer e a receber chamadas.

Se receber uma chamada, pode silenciá-la colocando a mão sobre o relógio. Se pretender enviá-la para o telemóvel ou responder com uma mensagem de texto, passe o dedo sobre a Digital Crown e desloque-se para a parte inferior.

Para atender a chamada, utilize o botão verde; para recusar a chamada, prima o botão vermelho. É exatamente como receber uma chamada no iPhone. O relógio utiliza um microfone incorporado quando fala para ele. Não é da melhor qualidade, mas dá conta do recado.

Para efetuar uma chamada, tem duas opções:

Vá para o ecrã inicial e toque no ícone Telefone.

A outra opção é a mais fácil; essa opção é utilizar a Siri. Basta levantar o pulso e dizer: "ligar para o NOME DA PESSOA". Se for marcada a pessoa errada, basta premir o botão Desligar e, se o fizer com rapidez suficiente, a chamada não será efectuada.

CALENDÁRIO

A aplicação Calendário no Apple Watch mostra os eventos que agendou ou para os quais foi convidado para hoje e para a próxima semana. O Apple Watch mostra eventos de todos os calendários que utiliza no iPhone.

Para ver o seu calendário, abra a aplicação Calendário no ecrã Principal ou na lista de aplicações; também pode tocar na data do dia no mostrador do dispositivo se tiver adicionado essa opção.

Existem três modos de calendário diferentes. Para alternar entre eles, aceda à aplicação Definições e toque em Calendário.

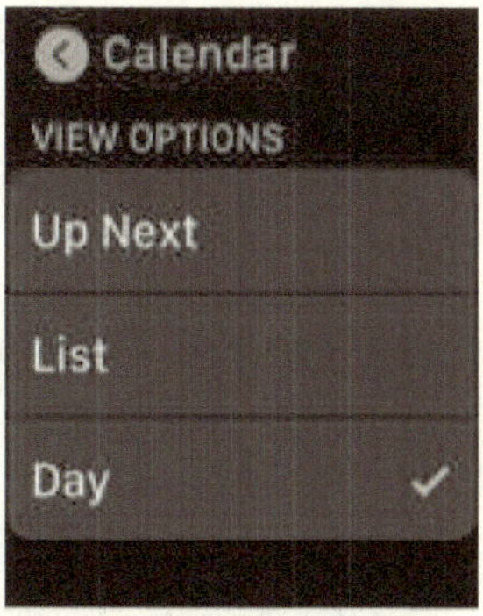

A primeira vista é a vista Seguinte, que mostra uma vista ampla de todos os eventos que tem - um evento de cada vez. Se tocar num evento, são apresentados os detalhes do evento e é-lhe dada a opção de o editar.

A Vista de lista mostra todos os seus eventos numa vista recolhida. Se tocar neles, o evento é ampliado e permite-lhe editá-lo ou ver detalhes.

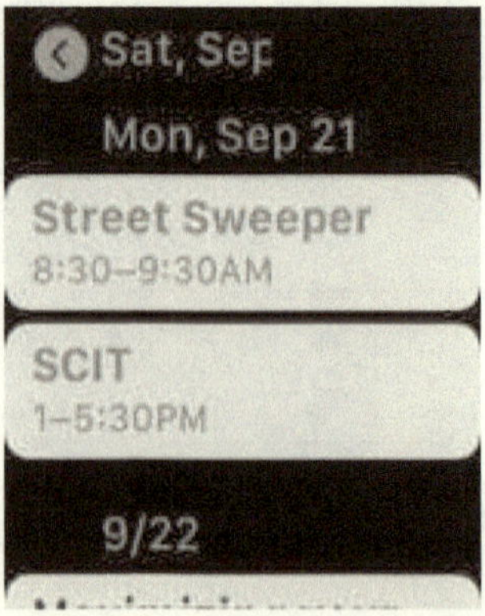

Por fim, a vista Hoje mostra-lhe todos os eventos no seu calendário para um único dia.

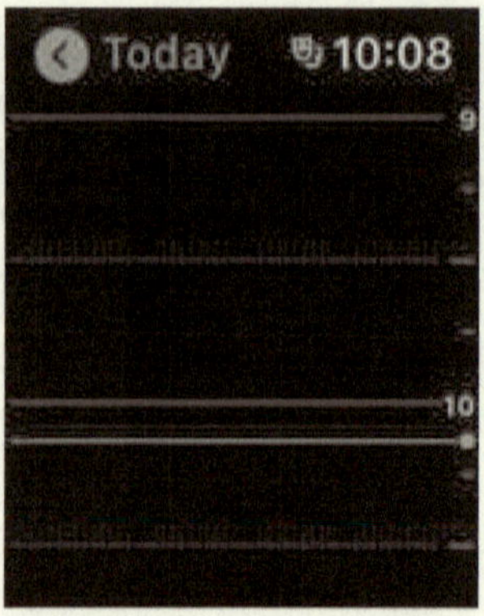

Também pode ver o que se passa no seu dia levantando o pulso e dizendo: "Siridiga-me o que se está a passar hoje".

Se pretender ver o mês completo, toque em "<" no canto superior esquerdo da aplicação Calendário e, em seguida, toque no calendário mensal; repita o passo para voltar à vista Dia. Quando estiver na vista Mês, os dias em que tiver uma atividade serão destacados a vermelho.

Adicionar eventos

Para adicionar um evento, tem de abrir a aplicação Calendário no seu iPhone. Se estiver na aplicação Calendário no seu relógio, aparecerá um ícone de Calendário no ecrã bloqueado do iPhone - basta deslizar para cima e será imediatamente apresentado no seu calendário.

Pode pedir à Siri adicione um evento por si.

Responder a convites para eventos

Quando receber um convite para um evento, este aparecerá como uma notificação; basta deslizar ou rodar o botão Digital Crown quando a vir e, em seguida, tocar em Aceitar, Talvez ou Recusar.

O convite terá também o organizador do evento; para enviar um e-mail ao organizador do evento, prima firmemente no visor enquanto estiver a ver os detalhes do evento; poderá enviar-lhe uma mensagem de voz ou telefonar-lhe.

Para ajustar qualquer uma das definições do calendário, aceda à aplicação Apple Watch no iPhone, toque em O meu relógio e, por fim, toque em Calendário.

Lembretes

Se utiliza lembretes no iPhone, poderá ficar desiludido por ver que não existe uma aplicação Lembretes no Apple Watch.

LembretesNo entanto, está mais ou menos lá; embora não exista nenhuma aplicação, se criar um lembrete no iPhone através da aplicação Lembretes, este também o lembrará no seu relógio.

Também pode criar um lembrete no seu relógio utilizando a Siribasta levantar o pulso e dizer: "Ei, Siri, definir um lembrete".

Mapa

Existem algumas formas de utilizar o mapa no Apple Watch; a mais fácil é aceder à aplicação Mapas na lista de aplicações. A partir daqui, verá a sua localização atual e o que está à sua volta; pode utilizar o botão Digital Crown para aumentar ou diminuir o zoom. Para deslocar/deslocar o mapa, utilize o seu dedo. Se tocar na seta no canto inferior esquerdo, a localização atual será actualizada.

Para procurar no mapa, toque nos três pontos no canto inferior direito.

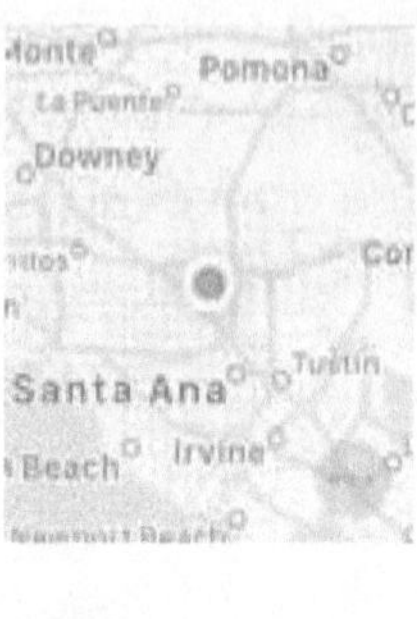

Esta ação abre a opção de procurar algo ou de mudar para uma vista de trânsito. É óbvio que pretende Procurar aqui.

São apresentadas três opções: ditar uma localização (o ícone do microfone), rabiscar uma localização (o ícone do dedo) ou procurar a morada de um contacto (o ícone da pessoa). Por exemplo, se estiver à procura de um restaurante de fast-food, ao tocar nessa opção aparecerá uma lista de restaurantes de fast-food nas proximidades.

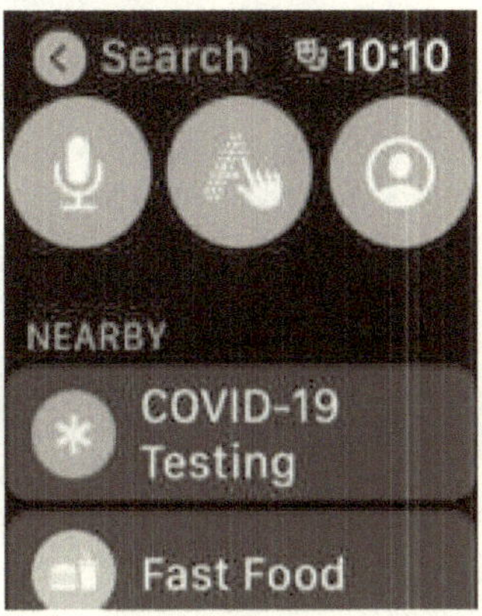

No caso de locais reais (empresas em vez de apenas endereços), também obterá informações sobre o horário de funcionamento.

Por baixo, existe a opção de selecionar o tipo de direcções que pretende (juntamente com o tempo que demorará): a pé, de carro, de trânsito e de bicicleta. As direcções mudarão com base no que selecionar - caminhar, por exemplo, levá-lo-á por ruas que a condução não levará.

Também pode colocar um alfinete numa área que pretenda percorrer. Para adicionar um alfinete, basta tocar sem soltar em Mapa (não com firmeza) e esperar que o alfinete caia. Se tocar no alfinete depois de este ter caído, ser-lhe-á indicado o endereço. Para mover o pin, basta passar o rato sobre uma nova localização e largar um novo pin. Se não tiver a certeza da morada de alguém, se largar um alfinete perto da sua localização, pode obter uma morada aproximada.

Direcções

As direcções passo-a-passo no Apple Watch são uma das principais funcionalidades e são muito simples de utilizar.

Quando recebe um texto com um endereço, o endereço é automaticamente convertido numa hiperligação; clique nela e abre-se imediatamente um mapa. Pode aumentar ou diminuir o zoom do mapa rodando o botão Digital Crown digital.

Se não tiver uma mensagem com o endereço, vá para o ecrã inicial do seu relógio, toque no ícone Mapas o mapa aparecerá mostrando a sua localização atual. Para encontrar um endereço, toque com o dedo firmemente no ecrã. Aparecerá uma opção para procurar o endereço ou utilizar o endereço de um dos seus contactos. Quando procura um endereço, é-lhe dada a opção de utilizar um endereço utilizado recentemente ou de dizer o endereço através de ditado.

Quando o endereço aparecer, haverá duas opções: direcções de condução e direcções a pé. Andar a pé não só altera o tempo que demora, como também o leva por caminhos que um carro não pode percorrer. Depois de fazer a sua seleção com um toque, basta premir o botão Iniciar.

Uma das características mais interessantes do mapa são as indicações passo a passo. Quando chega a altura de fazer uma curva, o relógio toca-lhe para chamar a sua atenção. Ainda mais interessante é o facto de, se iniciar as direcções no seu telemóvel, estas também aparecerem no seu relógio.

Fotos

Para ver fotografias no Apple Watch, aceda à aplicação Fotografias no ecrã principal do relógio; uma vez que o relógio não pode tirar fotografias, as fotografias que vê serão as do álbum do iPhone. Por predefinição, o relógio está definido para apresentar apenas o álbum Favoritos, mas é possível alterar esta definição.

Quando a aplicação estiver aberta, basta tocar na fotografia que pretende ver e utilizar o botão Digital Crown para aumentar ou diminuir o zoom e use o dedo para deslocar. Faça zoom até ao fim para ver todas as suas fotografias.

Escolher um Álbum

Se pretender escolher outro álbum para mostrar no relógio, abra a aplicação Apple Watch no iPhone e toque em O meu relógio e, em seguida, aceda a Fotografias e Álbum sincronizado e seleccione o álbum que pretende sincronizar; também pode criar um novo álbum utilizando fotografias do telemóvel.

Armazenamento

O relógio não tem tanto espaço como o telemóvel, pelo que é importante limitar a quantidade de fotografias que armazena nele; para limitar o armazenamento de fotografias, abra a aplicação Apple Watch no iPhone, toque em O meu relógio e, em seguida, aceda a Fotografias e Limites de fotografias.

Pode ver quantas fotografias estão atualmente no Apple Watch abrindo a aplicação Definições a partir do ecrã inicial do relógio, tocando em Geral e, em seguida, em Acerca de. Também pode ver isto no telemóvel abrindo a aplicação Apple Watch e, em seguida, tocando em O meu relógio, Geral e Acerca de.

Câmara Visor

Embora o relógio não tenha uma câmara incorporada, tem uma funcionalidade fantástica que lhe permite utilizar o relógio como visor e obturador de uma câmara externa para a câmara do iPhone.

Para que isto funcione, tem de se certificar de que o relógio não está a mais de 30 pés do iPhone.

Para tirar uma fotografia, abra a aplicação Câmara no ecrã de início dos relógios e, em seguida, posicione o iPhone para enquadrar a fotografia utilizando o Apple Watch como visor. Se pretender alterar a exposição, basta tocar na área que pretende focar a partir da pré-visualização do Apple Watch; toque no botão do obturador no seu relógio. Pode pré-visualizar a fotografia no relógio, mas a fotografia será efetivamente guardada no iPhone.

Junto ao botão do obturador existe um botão do temporizador; se quiser tirar uma fotografia temporizada, toque nele. O temporizador tira fotografias em sequência, o que é ótimo para fotografias de ação/desporto.

Música

A aplicação Música está, obviamente, no ecrã inicial, mas pode aceder-lhe mais rapidamente deslizando o dedo para cima no ecrã.

Como quase tudo no relógio, também é possível reproduzir música com o Siri. Basta levantar o pulso e dizer "tocar Bob Dylan".

Quando a música estiver a tocar, toque no canto superior e terá a opção de percorrer Artista, ÁlbunsLista de reprodução e Canções (desloque-se utilizando o botão Digital Crown digital).

O relógio sincroniza-se automaticamente com o telemóvel e reproduz a música que está no iPhone. Isto é ótimo quando o telemóvel está por perto, mas por vezes não temos o telemóvel por perto e queremos ouvir música diretamente no relógio. Pode carregar música para o seu relógio muito facilmente.

Para adicionar música, ligue o relógio ao carregador e, em seguida, abra a aplicação Apple Watch no iPhone. Em seguida, toque em Música (na parte inferior). Depois, toque em Sincronizar lista de reprodução e seleccione as músicas que pretende adicionar.

Para reproduzir música diretamente a partir do seu relógio, abra a aplicação Música e prima firmemente no ecrã quando a aplicação abrir. Isto irá abrir um novo menu com quatro opções: Shuffle, Repetir, Fonte e Airplay. Seleccione Fonte. Em seguida, seleccione Apple Watch. O sistema irá agora ajudá-lo a emparelhar o seu relógio com auscultadores Bluetooth para ouvir a música.

No menu anterior, também pode selecionar Airplay para emparelhar o seu relógio com um altifalante com Airplay.

Acções

Se pretender monitorizar uma ou mais acções a partir do seu relógio, abra a aplicação Acções pode ver detalhes sobre uma ação tocando nela na lista e, em seguida, rodando a Digital Crown para se deslocar.

Também pode utilizar a Siri para encontrar o preço de uma ação, dizendo: "Qual foi o preço de fecho da ação XYZ?"

Tempo

Para abrir as informações meteorológicas, aceda à aplicação Meteorologia abrindo-a no ecrã inicial do relógio. A aplicação Meteorologia terá a previsão para 10 dias, a temperatura e condições actuais e a probabilidade de chuva.

A aplicação Tempo é sincronizada com o iPhone, por isso, se quiser adicionar ou remover uma cidade, faça-o a partir do seu telemóvel.

Pode alterar a cidade predefinida apresentada no seu relógio abrindo a aplicação Apple Watch no iPhone, tocando em O meu relógio e, em seguida, indo a Tempo e Cidade predefinida.

ATIVIDADE

Uma das características que a Apple está realmente a promover com o Apple Watch é a atividadeUma das razões para usar o relógio, a acreditar na Apple, é fazer com que nos mexamos mais. Para mim, é difícil de vender, porque sou um preguiçoso!

A aplicação está dividida em três objectivos de fitness: manter-se de pé durante pelo menos um minuto de cada hora, atingir o seu objetivo de queima de calorias movendo-se mais (pode definir o seu objetivo) e acumular 30 minutos de uma atividade que exija movimento acima de uma caminhada rápida. Cada um destes objectivos compõe anéis; à medida que completa os seus objectivos, os anéis começam a encher-se e, no final do dia, o ideal é que estejam cheios.

Para começar, vá ao ecrã inicial e toque na aplicação Atividade atividade. A primeira vez que abrir a aplicação, ser-lhe-á apresentado um breve tutorial sobre o que é a aplicação e como esta o ajuda a viver uma vida mais feliz e saudável. Quando terminar o tutorial, terá de introduzir algumas informações pessoais - isto é apenas para os seus olhos e só o faz uma vez. Isto ajudará a garantir que a aplicação é tão exacta quanto possível. Para cada secção, rode a Digital Crown para introduzir as suas informações.

Depois de terminar, indicará o seu nível de atividade; pode alterá-lo mais tarde, por isso, se não tiver a certeza, opte por um nível mais baixo e não mais alto. Em seguida, verá o seu objetivo sugerido, que pode aceitar ou ajustar. Quando terminar, toque em Iniciar movimento. A sua aplicação estará agora a monitorizá-lo em segundo plano. Não é necessário começar nada todos os dias.

Pode aceder à aplicação Atividade a qualquer momento, tocando nela a partir do ecrã inicial. A primeira coisa que verá são todos os anéis juntos. Pode utilizar a Digital Crown para ver informações mais detalhadas sobre os anéis.

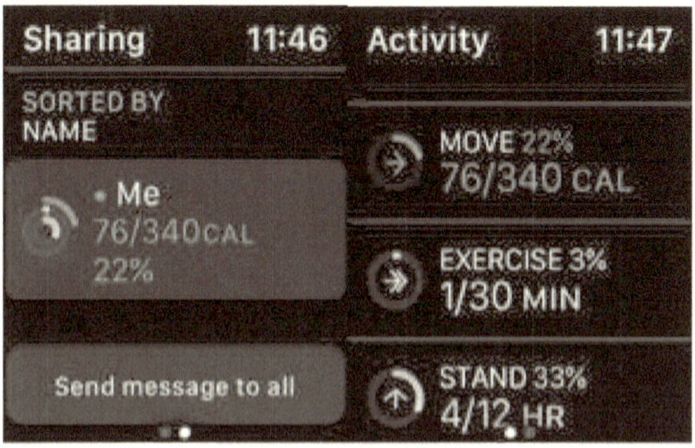

Em qualquer altura, pode alterar os seus objectivos abrindo a aplicação e, em seguida, premindo firmemente o ecrã. Também pode receber lembretes para o incentivar a cumprir os seus objectivos.

Na aplicação Atividade no iPhone, pode ver o seu Histórico de actividades e relatórios mais detalhados sobre o que fez. As medições tornar-se-ão mais precisas à medida que usar mais o relógio e este conhecer os seus comportamentos.

Finalmente, se deslizar para a esquerda na aplicação Atividade pode partilhar os seus objectivos de atividade; perfeito para os preguiçosos como eu, que gostam de lembrar ao cônjuge que passaram o dia sentados.

A maioria das pessoas, incluindo eu próprio, senta-se um pouco mais do que gostaria de admitir. Sentamo-nos no nosso trabalho; sentamo-nos no trajeto de casa para o trabalho; e sentamo-nos quando chegamos a casa. O problema de estarmos sentados é que não é bom para a nossa saúde.

A Apple ajuda com um novo objetivo de estar de pé no WatchOS. Com o novo modo, é possível definir um objetivo para o tempo que se quer ficar de pé.

O objetivo é obrigá-lo a levantar-se mais, mesmo quando o seu trabalho o obrigaria a estar sentado; isto motivá-lo-á a fazer pausas rápidas e a levantar-se, o que ajudará a fazer circular o sangue.

Treino

O Workout é uma espécie de companheiro do Activity apesar de existir uma aplicação separada para a mesma. O seu objetivo é ajudá-lo a acompanhar o progresso durante uma sessão de exercício e ajudá-lo a atingir novos marcos.

No ecrã inicial, toque na aplicação Treino e verá imediatamente dezenas de exercícios diferentes.

Vão desde caminhadas rápidas a treinos mais intensos - tanto no interior como no exterior. Para corrida interior e exterior ou caminhada e ciclismo exterior, também pode definir um objetivo de distância. Também pode optar por não definir um objetivo e simplesmente começar.

Os treinos tornam-se mais inteligentes todos os anos. O ciclismo ao ar livre, por exemplo, pode detetar se está numa bicicleta exterior ou estacionária e até fazer ajustes se estiver a andar numa bicicleta eletrónica - uma vez que está obviamente a queimar menos calorias.

Seguem-se alguns dos exercícios que pode escolher:

- Passeio ao ar livre
- Corrida ao ar livre
- Bicicleta de exterior
- Passeio em recinto fechado
- Corrida em recinto fechado
- Bicicleta de interior
- Elíptica
- Pilates
- Tai Chi
- Remador
- Escadote
- Treino intervalado de alta intensidade (HIIT)
- Caminhadas
- Ioga
- Treino de força funcional
- Dança
- Arrefecimento

- Formação de base
- Natação em piscina
- Natação em águas abertas

Se não vir o que está a fazer, toque em Adicionar exercício (não, não é aqui que se regista o objetivo de fitness "ver televisão"). Esta ação também apresenta opções para os seguintes desportos: Badminton, Barre, Basquetebol, Cross Training, Kickboxing, Mixed Cardio, Pilates, Futebol, Dança social, Surf, Ténis de mesa, Ténis, Treino de força tradicional, Futebol americano, Tiro com arco, Futebol australiano, Basebol, Bowling, Boxe, Escalada, Críquete, Esqui Cross Country, Cross Training, Curling, Desportos de Disco, Esqui Downhill, Desportos Equestres, Esgrima, Pesca, Jogos de Fitness, Flexibilidade, Golfe, Ginástica, Ciclismo de Mão, Andebol, Hóquei, Caça, Corda de Saltar, Lacrosse, Artes Marciais, Mente e Corpo, Remo, Pickleball, Jogar, Rolar, Rugby, Vela, Patinagem, Desportos na neve, Snowboarding, Softball, Squash, Escadas, Treino de passos, Tai Chi, Atletismo, Voleibol, Fitness aquático, Pólo aquático e Luta livre - faltou algum desporto?!

Se adicionar qualquer um desses desportos tocando no mesmo, este começará a aparecer nos treinos, para que não tenha de o procurar novamente.

Pode iniciar o exercício ou definir objectivos. Para definir um objetivo (por exemplo, a distância que pretende caminhar), toque nos três pontos.

Aparecerão quatro opções: Abrir, Calorias, Distância e Tempo.

O que estas opções fazem é definir um objetivo. Por exemplo, digamos que o meu objetivo é caminhar cinco quilómetros; adiciono três quilómetros, depois toco em Começar e começa a ser monitorizado. Serei alertado quando atingir os três quilómetros.

Quando carregar em Begin (Iniciar), o relógio faz imediatamente a contagem decrescente para começar. Durante o treino, um anel vai-se enchendo progressivamente à medida que se aproxima do seu objetivo.

Para pausar ou terminar o exercício, basta premir firmemente no visor e premir Fim ou Pausa.

Quando terminar o treino, pode percorrer um resumo completo. Pode guardar os dados ou descartá-los. Poderá notar que alguns exercícios têm mais opções do que outros; isto deve-se ao facto de cada exercício ter configurações diferentes.

Vistas do treino

Enquanto estiver a fazer exercício e na aplicação Workout do relógio, pode rodar a Digital Crown e ver métricas perspicazes sobre o seu desempenho - os seus anéis de atividade, a zona de ritmo cardíaco (que lhe dá uma ideia da intensidade do exercício), a elevação, etc.

Os exercícios também podem ser personalizados com diferentes intervalos de recuperação para diferentes tipos de treino. Quando está a correr, o relógio dá-lhe feedback para saber se está no ritmo certo para atingir o seu objetivo ou se precisa de se esforçar um pouco mais.

Nos treinos de corrida ou bicicleta ao ar livre, pode configurá-lo para correr contra os seus últimos (ou melhores) tempos.

Potência de funcionamento

A potência de corrida é um resumo do treino disponível no Apple Watch SE e no Apple Watch Series 6 e posteriores. O Apple Watch mede o esforço que coloca na sua corrida e, em seguida, apresenta a quantidade de energia que está a gastar; o objetivo é ajudá-lo a ter um melhor desempenho ao longo do tempo.

Fitness+

Uma das maiores melhorias que chegou ao Apple Watch nos últimos anos foi a inclusão do Fitness +.

Custa 9,99 dólares por mês ou 79,99 dólares por ano (com três meses grátis se comprar um novo Apple Watch); o Fitness+ também está incluído no novo serviço Apple One Premier (29,99 dólares / mês), que dá ao utilizador e a toda a sua família acesso a todos os serviços Apple.

O serviço funciona da seguinte forma: o utilizador escolhe o tipo de exercício que pretende fazer utilizando a Apple TViPad ou iPhone; este exercício será sincronizado instantaneamente com o seu relógio. Assim, enquanto o exercício de vídeo está a ser reproduzido, verá coisas como o seu ritmo cardíaco no vídeo.

Os treinos mudam todas as semanas e podem ser utilizados com ou sem equipamento de exercício. Existem treinos para principiantes e utilizadores avançados, e a IA da Apple recomenda diferentes treinos e treinadores com base no seu regime de treino.

Pode até filtrar os exercícios por tempo (de cinco a 45 minutos); assim, se tiver apenas alguns minutos no seu horário, pode encontrar uma rotina de exercícios que se enquadre nesse horário.

Se já utilizou (ou está familiarizado com) a Peloton, então o conceito é muito semelhante. A maior diferença é que pode funcionar com mais dispositivos (ou sem qualquer dispositivo), o que o torna ótimo para viajar.

Também pode escolher o tipo de música que é reproduzida durante o treino.

Medicamentos

Lembrar-se de tomar a medicação é muito fácil com o Apple Watch. Se precisar de lembretes, basta configurar os medicamentos a partir do iPhone com as instruções abaixo.

Aceda à aplicação Saúde, seleccione "Navegar" e, em seguida, toque em Medicamentos.

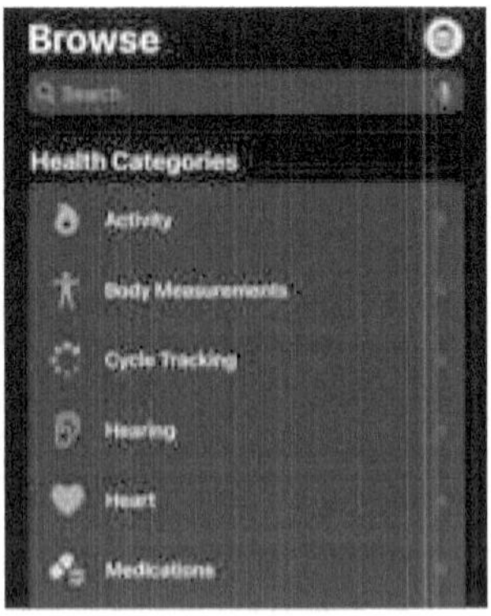

A partir daqui, basta tocar no botão azul Adicionar um medicamento.

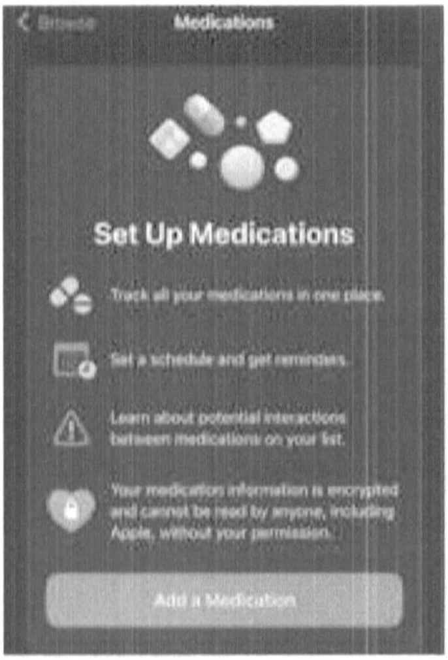

Verificar o seu ritmo cardíaco

Para obter os melhores resultados com o seu ritmo cardíaco, certifique-se de que o relógio está suficientemente apertado para tocar na pele, mas não demasiado.

Medirá o seu ritmo cardíaco quando carregar a aplicação.

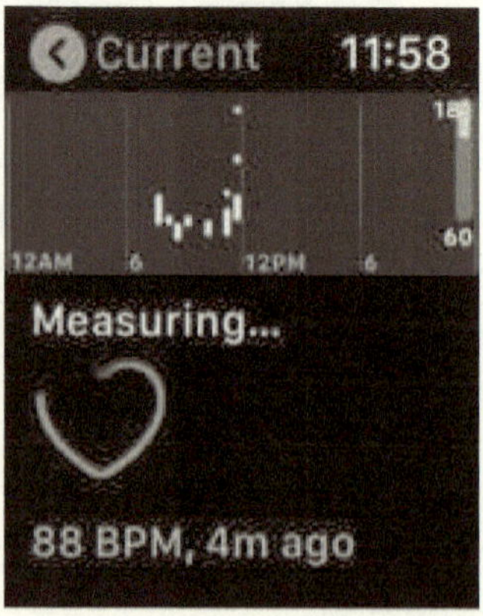

Tocar em qualquer uma das três opções: Atual, Frequência de repouso ou Média de caminhada, para obter uma visão geral da sua frequência cardíaca.

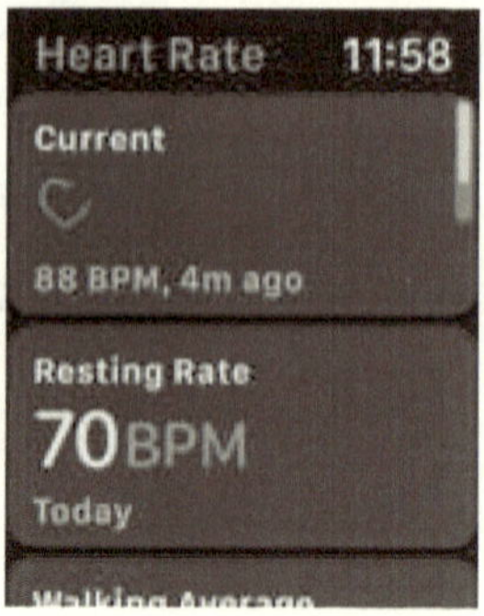

Se estiver a fazer um exercício, pode verificar o seu ritmo cardíaco passando o dedo na metade inferior do ecrã de progresso do exercício.

ECG Rastreio

O RASTREIO DE ECG (ou eletrocardiograma) é um sensor no seu relógio destinado a detetar irregularidades cardíacas.

A coisa mais importante a saber sobre o rastreio de ECG é que este é um relógio - não um dispositivo médico. O Apple Watch não é o seu médico. Não deve assumir que está bem porque o relógio diz que está bem - ou que está a ter um ataque cardíaco porque o relógio vê uma anomalia. O rastreio de ECG - e todas as funcionalidades de saúde do relógio - destinam-se a detetar sinais de alerta precoce. É isso mesmo. Não são 100% exactos.

Para o utilizar, aceda à aplicação ECG no seu relógio. Com o relógio bem apertado no pulso, vai pedir-lhe para colocar o dedo na Digital Crowne depois começa a contagem decrescente a partir de 30. Terá de tentar manter-se imóvel durante 30 segundos enquanto o relógio efectua a leitura.

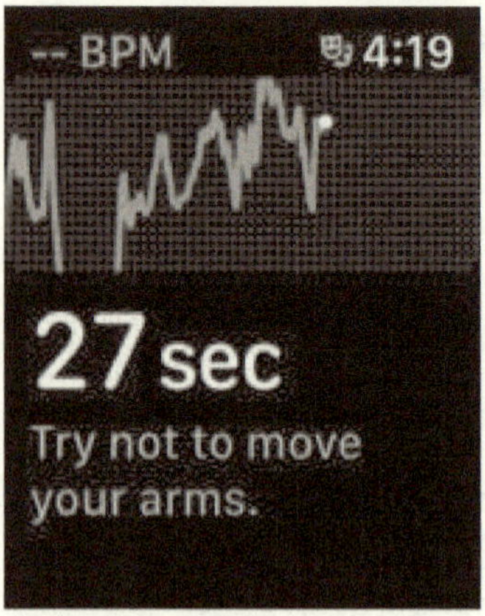

Quando estiver concluído, os resultados serão apresentados no relógio.

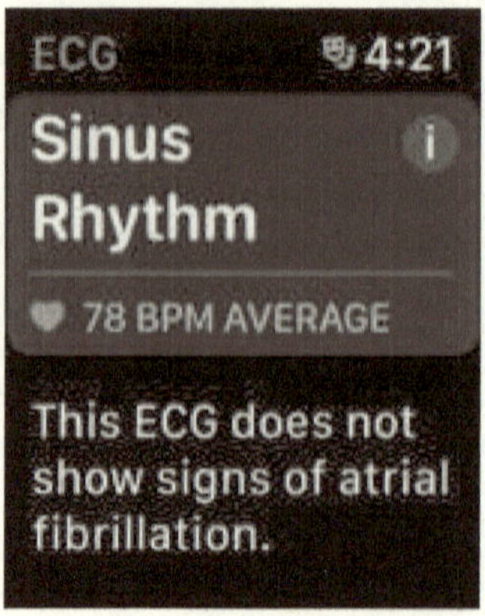

Tal como acontece com todas as medições de saúde, estas são automaticamente sincronizadas com o iPhone e armazenadas na aplicação Saúde Saúde. Pode ver um histórico de medições para quaisquer leituras que tenha efectuado.

HISTÓRIA DA FIBRILHAÇÃO AURICULAR

O Apple Watch é muito importante para o coração e está continuamente a melhorar os seus registos. O histórico de fibrilhação auricular mostra-lhe a frequência com que o seu coração tem uma arritmia.

MONITORIZAÇÃO DO OXIGÉNIO NO SANGUE

A monitorização do oxigénio no sangue é exclusiva do Apple Watch Series 6 e superior; também só está disponível para utilizadores com mais de 18 anos. Por isso, se configurar o relógio para um menor, este não o poderá utilizar.

O Bloody Oxygen monitoriza a percentagem de oxigénio nos glóbulos vermelhos que está a ser transportada dos pulmões para outras partes do corpo.

Quando configurar o relógio, verá uma opção para o ativar. Se não a tiveres visto, podes configurá-la indo à aplicação Saúde e depois em Respiratório > Oxigénio no sangue > Configurar oxigénio no sangue.

Para efetuar uma medição, vá à aplicação Oxigénio no sangue (se não a vir e tiver a certeza absoluta de que tem o Series 6 e não o SE, vá à App Store no seu relógio e procure-a). Depois de tocar em Iniciar, deve permanecer o mais imóvel possível durante 15 segundos.

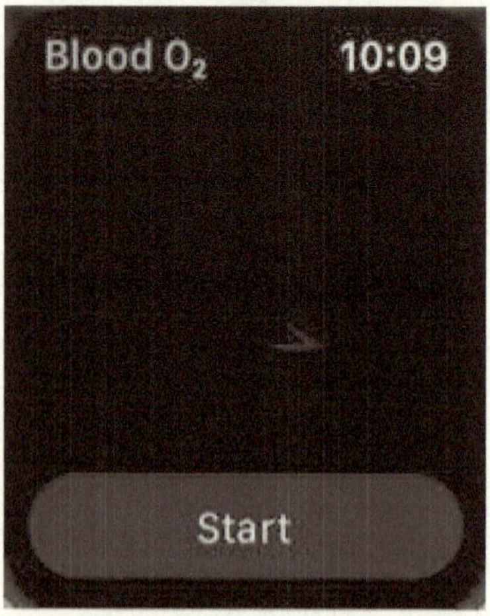

Quando terminar, verá os resultados, que também serão guardados na aplicação Saúde no seu iPhone.

RASTREIO NOOCYCLE

Ciclo O seguimento de ciclos não é uma aplicação, mas sim uma nova funcionalidade na aplicação Saúde do seu relógio. Acompanha o seu ciclo menstrual e pode ajudar a prever quando virá o seu próximo período ou quando a sua janela fértil está prestes a começar. (Preste muita atenção à palavra "previsão"! O relógio não deve, obviamente, ser utilizado como forma de controlo de natalidade).

Para começar, pouse o relógio e abra o telemóvel. Abra a aplicação Saúde e, em seguida, aceda a Seguimento do ciclo e seleccione Começar.

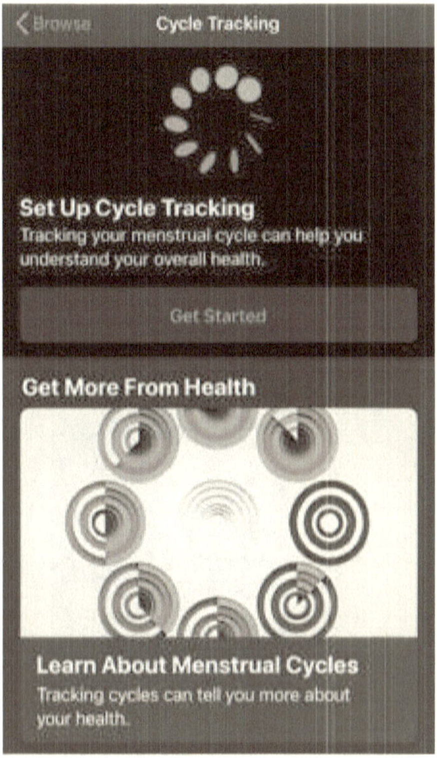

Siga as instruções e certifique-se de que adiciona as funcionalidades que pretende (como a previsão da menstruação e a previsão da fertilidade).

Uma vez adicionadas as suas informações, pode começar a registar coisas como o seu nível de fluxo ou outros sintomas.

Monitorização do sono

A monitorização do sono não é totalmente nova para a Apple; foi introduzida no iPhone há algum tempo; mas a funcionalidade é nova no Apple Watch. Quando o utilizador usa o relógio à noite, este pode monitorizar o tempo de sono (e os despertares a meio da noite) e definir objectivos para o ajudar a dormir melhor.

Para começar, abra a aplicação Sono no relógio.

A primeira vez que utilizar a aplicação, verá uma mensagem sobre a aplicação.

Deslize um pouco para baixo e pode configurá-lo dizendo primeiro ao relógio quanto tempo gostaria de dormir e, em seguida, desloque-se um pouco mais para a frente e toque no botão Seguinte.

Em seguida, perguntará quando é que o horário está ativo - por exemplo, apenas nos dias úteis.

Nesta opção, diz ao dispositivo quando gostaria de acordar e ativa o botão se quiser um alarme.

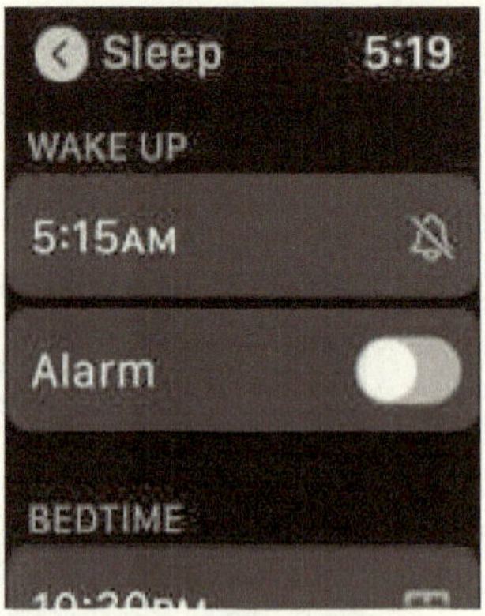

A seguir, define a sua hora de deitar; esta calcula o seu sono e diz-lhe se consegue atingir esse objetivo. No exemplo abaixo, por exemplo, diz que vou falhar o objetivo em 1 hora e 15 minutos. Por isso, se quiser atingir o objetivo, terei de alterar a minha hora de deitar.

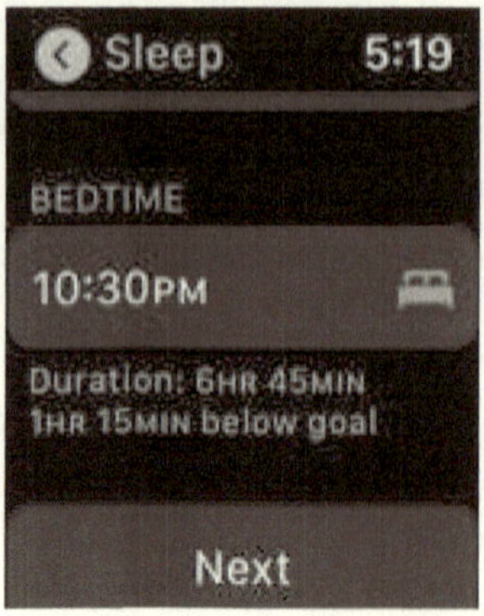

Quando estiver configurado, verá um resumo do horário e pode deslocar-se para baixo para Ativar a ligação (sugestão: certifique-se de que tem a bateria carregada antes de dormir se estiver a monitorizar o sono).

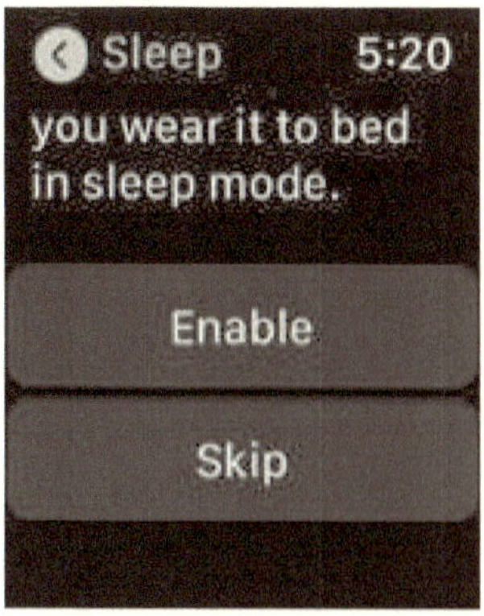

Também pode definir um programa de relaxamento, que o ajuda a descontrair antes de dormir.

Por último, pode ativar os lembretes de carregamento, que o lembrarão de carregar o dispositivo antes de dormir, para que tenha energia suficiente para passar a noite.

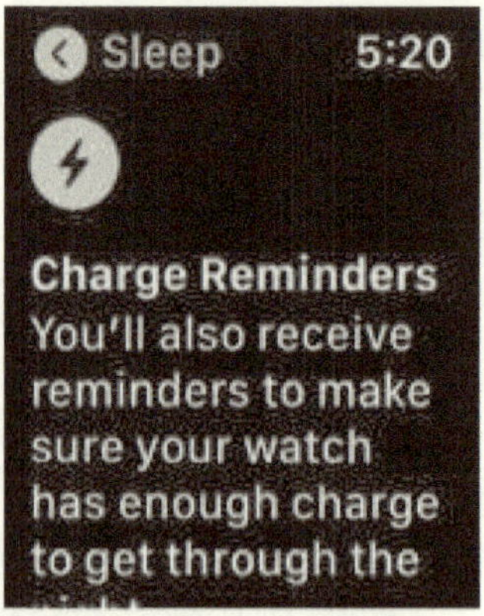

Pode editar o horário em qualquer altura. Basta tocar no horário e tocar na hora que pretende alterar.

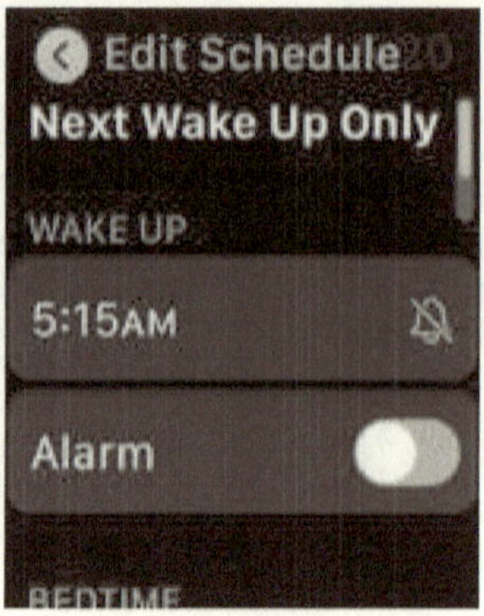

Fases do sono

As fases do sono indicam-lhe quanto tempo esteve em diferentes fases do sono (ou seja, REM, Core, Sono profundo), bem como quando esteve acordado. É possível obter informações fantásticas no seu relógio, mas a informação torna-se ainda mais completa quando a acede no seu telemóvel.

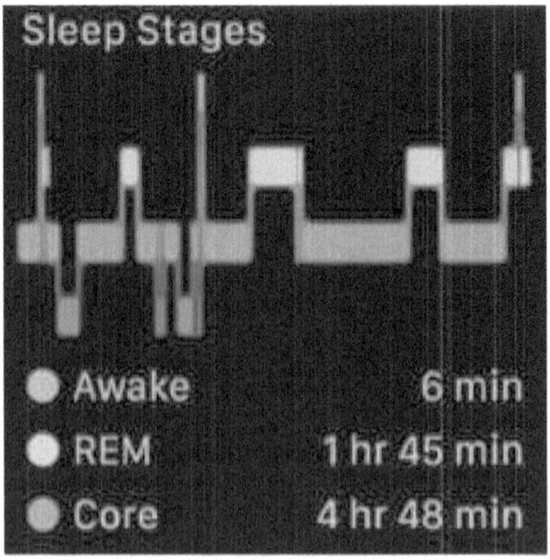

Definir alarmes

Se quiser definir um alarme, aceda à aplicação Despertador a partir do ecrã inicial do seu relógio.

Quando estiver aberto, prima firmemente o ecrã e, em seguida, toque em Adicionar alarme. Toque em Alterar hora (não se esqueça de alterar também AM / PM); pode utilizar o botão Digital Crown para ajustar as horas e os minutos. Por fim, toque em Definir. Pode tocar em '<' no canto superior esquerdo para voltar às definições do alarme, onde pode repetir um alarme, premir o botão soneca ou etiquetá-lo.

Para ajustar um alarme, toque na aplicação Despertador e, em seguida, toque no alarme da lista que pretende alterar. Toque junto ao alarme para o ativar ou desativar. Para eliminar um alarme, toque no alarme, desloque-se para a parte inferior e toque em Eliminar.

Depois de utilizar o relógio para monitorizar o sono, começará a ver os resultados na aplicação Saúde no iPhone.

Na aplicação Saúde vá para o separador Procurar e, em seguida, seleccione a opção Sono.

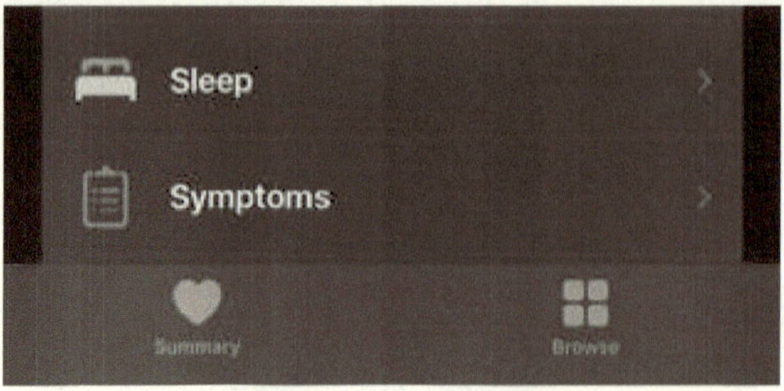

Verá um gráfico de como dormiu; o azul é o sono e os intervalos são os períodos de vigília.

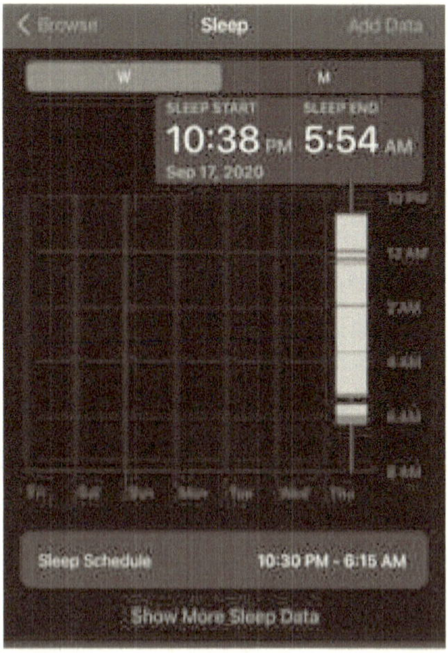

Se descer um pouco mais, verá o seu ritmo cardíaco enquanto dormia.

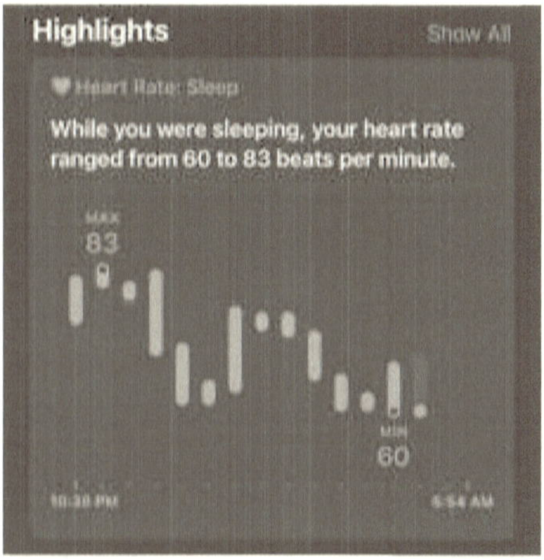

Se for até ao fim, verá uma opção para Mostrar todos os dados.

Isto pode dar-lhe ainda mais informações sobre a forma como dormiu; talvez nem se aperceba do quanto se remexeu.

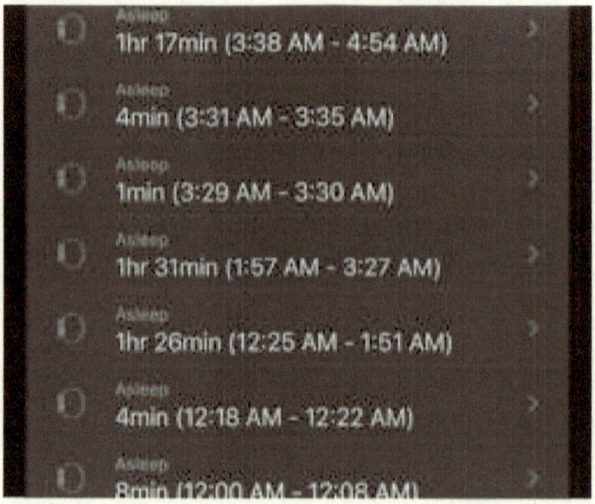

Utilizar um temporizador

Para utilizar o temporizador do relógio, vá para o ecrã inicial e toque em Temporizador; os temporizadores podem ser definidos para um máximo de 24 horas. Para definir um temporizador, abra a aplicação, toque em horas ou minutos, rode o botão Digital Crown para ajustar a hora e, por fim, toque em Iniciar. Se o temporizador for superior a 12 horas, enquanto ajusta o temporizador, prima firmemente o ecrã e toque em 0-24 horas.

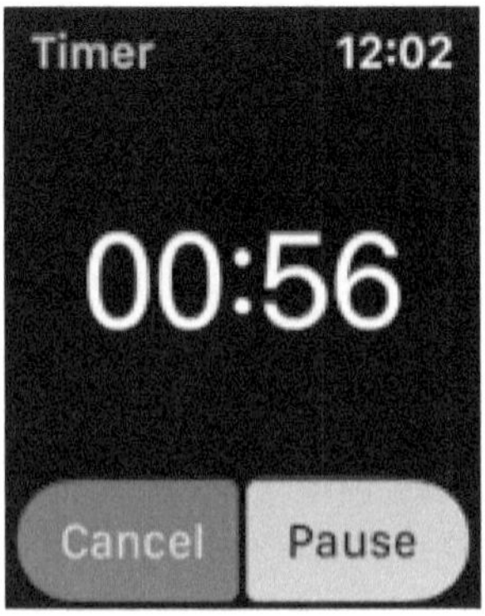

UTILIZAR O CRONÓMETRO

Se pretender utilizar o cronómetro para cronometrar coisas como o tempo de uma volta na pista, vá ao ecrã inicial e toque na aplicação Cronómetro aplicação. Para iniciar o relógio, toque no botão Iniciar; toque no botão Volta para dividir o tempo ou registar uma volta. A cronometragem continuará à medida que alterna entre eles. Quando terminar, toque em Repor.

Também pode escolher o formato do cronómetro. Existem quatro formatos diferentes: Analógico, Digital, Gráfico e Híbrido.

AUDIOLIVROS

A Apple ainda não colocou a sua popular aplicação Livros no Apple Watch - provavelmente porque a leitura não é uma experiência fantástica no relógio. Existem aplicações de terceiros que o fazem, caso seja uma funcionalidade imprescindível. O que a Apple oferece no lugar de uma livraria nativa é a possibilidade de ouvir audiolivros comprados na loja Apple Books.

É uma aplicação bastante simples: desloque-se para o audiolivro que pretende e toque nele.

A partir daqui, pode reproduzir o livro ou avançar/retroceder rapidamente. O '1x' no canto inferior direito ajusta a velocidade de reprodução, para que o narrador possa ler mais depressa.

CALCULADORA

Era possível efetuar cálculos simples no relógio utilizando a Siri nas versões anteriores do Apple Watch, mas faltava uma aplicação nativa. Muitas pessoas estão surpreendidas por ter demorado tanto tempo a ter esta aplicação no relógio. Seja qual for o motivo da espera, já está disponível e faz mais do que seria de esperar.

Para além dos cálculos básicos, existe um botão de gorjeta. Isto ajuda-o a ver rapidamente a quantidade de gorjeta que deve deixar. Introduza o custo e, em seguida, toque no botão Gorjeta. Pode utilizar a Coroa digital para ajustar a percentagem.

Toque no botão "Pessoas" por baixo da percentagem e pode dividir a conta. Utilize a Coroa digital para ajustar o número de pessoas que o acompanham. À medida que adiciona pessoas, é apresentado o custo de cada pessoa por baixo do preço final.

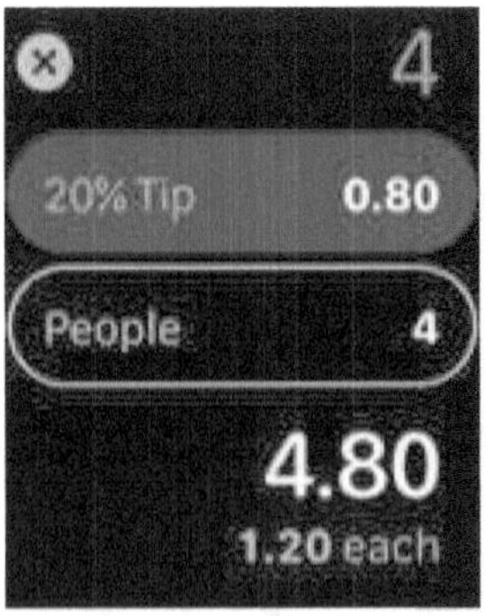

Lavagem das mãos

Muito bem, comecemos por falar do elefante na sala: precisamos mesmo de uma aplicação que nos diga como lavar as mãos? Lavar, ensaboar, enxaguar, certo?

Parece um disparate, mas o mais assustador é a forma incorrecta como a maioria de nós o faz. Vá em frente... experimente a aplicação e veja se realmente se lava durante os 20 segundos completos de forma consistente. De acordo com a Apple, que efectuou um estudo sobre este assunto, 95% de nós não o faz corretamente. Caramba, não é? Por isso, da próxima vez que apertar a mão a alguém, olhe para o pulso dessa pessoa e veja se tem um Apple Watch para a ajudar a fazê-lo corretamente!

Se é o Sr. Limpo e não precisa de uma aplicação para lhe dizer como é perfeito, basta desligá-la - e se é o Sr. Sujo e não precisa de uma aplicação para o lembrar, também pode desligá-la.

Então, como é que funciona? A beleza da aplicação é que funciona sem qualquer esforço da sua parte. Assim que a ligar, a aplicação detecta automaticamente que está a lavar as mãos e inicia o temporizador.

Para o ativar, vá à aplicação Definições e, em seguida, desloque-se até ver Lavagem das mãos.

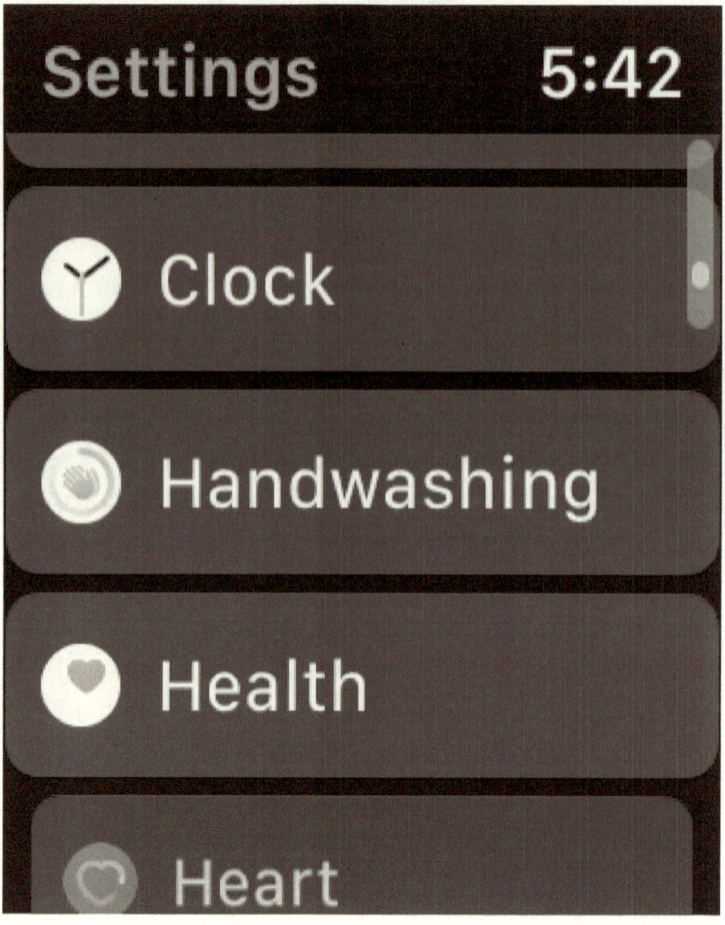

Toque nele e, em seguida, active o temporizador (ficará verde). Já está. Teste-o lavando as mãos.

Se não vir o temporizador de imediato, dê-lhe alguns segundos. Está a ouvir a água e a detetar o movimento da lavagem das mãos. Assim que o temporizador começar, verá uma notificação no seu pulso e o temporizador permanecerá no ecrã até terminar.

Isso é ótimo, mas como é que se obtêm as estatísticas sobre o quão impuro se é? Vais precisar do teu iPhone para isso.

Aceda à aplicação Saúde na parte inferior do ecrã existem dois separadores: Resumo e Navegar.

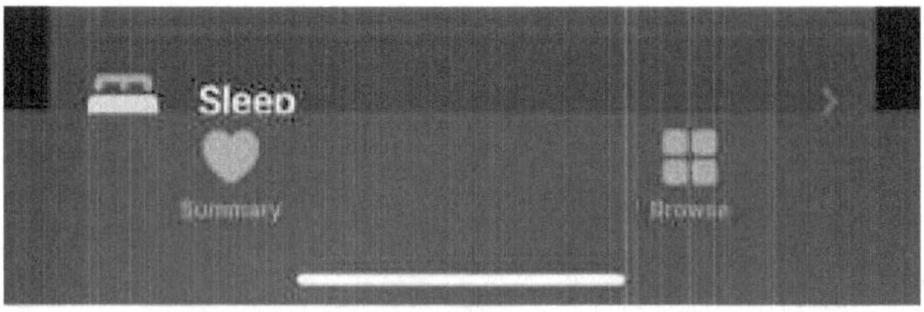

A aplicação de lavagem encontra-se em Navegar. Pode fazer uma de duas coisas para a encontrar: procurá-la ou ir a Outros.

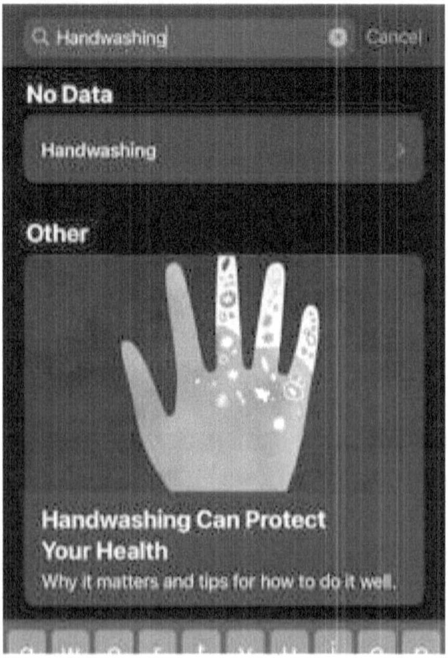

Isto vai mostrar todos os dados disponíveis que a aplicação tem sobre os seus hábitos de lavagem. No meu caso, nenhum! Juro que tenho estado a lavar as mãos! A imagem abaixo é apenas uma captura de ecrã inicial.

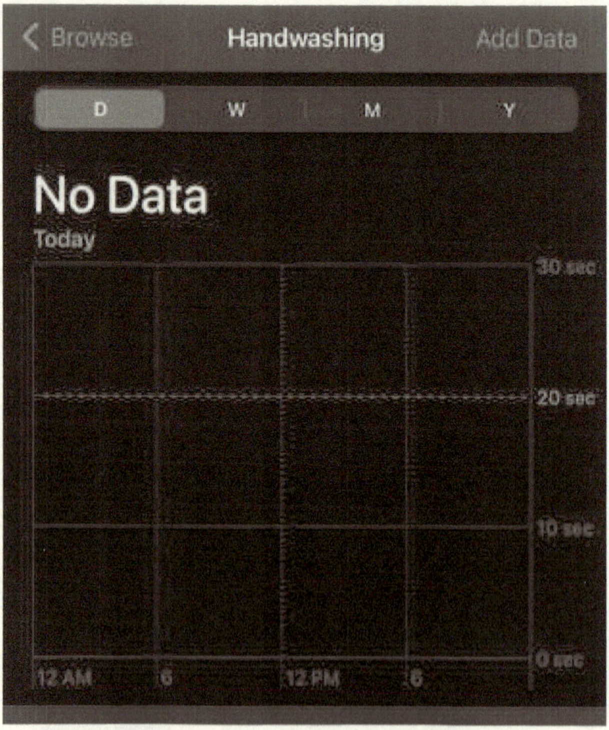

Se quisesse mesmo, podia ir a Adicionar dados e adicionar manualmente os tempos de lavagem das mãos.

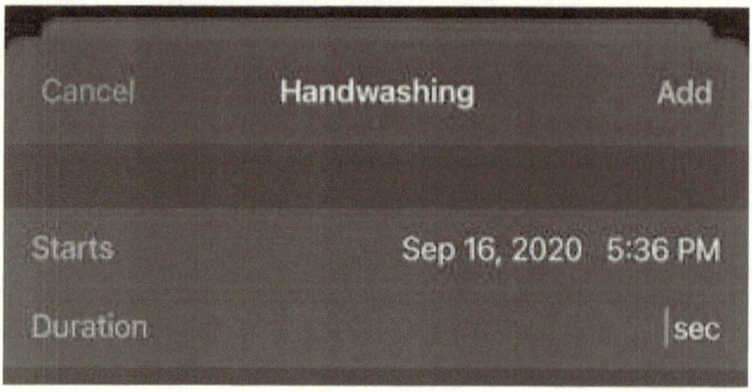

Controlo remoto

Um facto menos conhecido sobre o relógio é que funciona como um controlo remoto para o iTunes e Apple TV.

Antes de começar, certifique-se de que o seu relógio e o seu dispositivo estão a utilizar a mesma rede; se o seu telemóvel estiver a utilizar uma rede Wi-Fi e o seu relógio estiver a utilizar outra, então não funcionarão.

Reprodução remota do iTunes

Se pretender utilizar o relógio como um controlo remoto para o iTunes no seu Mac, abra a aplicação Remote; em seguida, toque em Adicionar dispositivo (+).

No iTunes no computador, clique no botão Remote junto à parte superior da janela do iTunes; ser-lhe-á pedido que introduza o código de 4 dígitos que é agora apresentado no relógio. (Nota: se procurar o botão Remote no iTunes antes de tocar em Adicionar dispositivo no Apple Watch, terá de esperar muito tempo - só aparecerá depois de tocar em Adicionar dispositivo; certifique-se também de que o iTunes está atualizado).

Deteção de colisões

Uma coisa em que o Apple Watch se tem saído excecionalmente bem é a salvar vidas. Com a Deteção de colisão (disponível no Series 8, SE de segunda geração e Ultra), o relógio consegue detetar se está num acidente de viação e alertar os socorristas se não estiver a reagir. O objetivo é detetar colisões graves, para que não tenha de se preocupar com a chegada dos paramédicos se entrar um pouco mais na garagem.

Se acontecer o impensável, o relógio alerta-o para o facto de ter detectado um acidente; se não cancelar as notificações no prazo de 20 segundos, é enviada uma mensagem aos serviços de emergência para que enviem ajuda.

É fácil ativar e desativar a funcionalidade. Aceda à aplicação Definições no Apple Watch, depois vá a SOS > Deteção de colisão e active ou desactive a funcionalidade.

TELECOMANDO PARA APPLE TV

Se pretender utilizar o relógio como um comando para o iTunes no seu Apple TVabra a aplicação Remote; em seguida, toque em Adicionar dispositivo (+). (Nota: lembre-se de que tem de estar a utilizar a mesma rede Wi-Fi Wi-Fi).

No seu Apple TV vá a Definições, depois a Geral e, por fim, a Remoto e seleccione o Apple Watch; introduza o código de acesso que está atualmente no seu relógio.

Walkie-Talkie

O WatchOS 5 tornou muito mais fácil a comunicação com quem está por perto com a funcionalidade Walkie-Talkie . Para a utilizar, ambas as pessoas precisam de ter um Apple Watch Series 1 ou posterior e o WatchOS 9. Também é necessário ativar o FaceTime porque estará a utilizar o FaceTime Audio.

Infelizmente, esta funcionalidade não está disponível em todos os países.

A primeira vez que utilizar a aplicação, terá de adicionar amigos. Abra a aplicação. Toque em e, em seguida, escolha um contacto.

Agora espera. Não é como uma chamada telefónica em que se liga imediatamente ao seu amigo. A pessoa tem de lhe dar autorização para a contactar. Ficará cinzento até a pessoa aceitar. Quando ela aceitar, pode começar a falar imediatamente.

Para remover um amigo, abra a aplicação Walkie-Talkie deslize o dedo para a esquerda sobre o amigo e toque em . Ou abra a aplicação Apple Watch no iPhone, toque em Walkie-Talkie > Editar, toque em e, em seguida, toque em Remover.

Para iniciar uma conversa, basta abrir a aplicação, tocar no nome do amigo (depois de este ter aceite) e aguardar a ligação (o amigo tem de estar a usar o relógio). Uma vez estabelecida a ligação, toque em Falar e diga algo, depois solte quando terminar.

Pode aumentar e diminuir o volume com a Digital Crown.

Se já não pretender falar através desta funcionalidade, basta abri-la e desactivá-la; se um contacto tentar contactá-lo, dirá que não está disponível.

Se ativar o modo Silêncio, continua a poder ouvir a voz da pessoa e os sinos que chegam. Se ativar o modo Teatro ou Não incomodar o telemóvel fica indisponível para falar.

Configuração da família

Se tem um filho e quer mantê-lo seguro e ligado, mas ainda não lhe quer dar um telemóvel, o Apple Watch é agora uma opção viável para muitas famílias.

A Configuração da família permite que as crianças tenham um número de telefone, mas num dispositivo que não tem um navegador de Internet e outras aplicações que poderá não gostar que elas tenham.

Também lhe permite controlar a quem telefonam e o que podem fazer exatamente.

O senão (para além de ter de comprar outro relógio) é que só funciona com o Apple Watch Series 4 ou posterior e precisa de um plano de telemóvel para tirar partido de todas as funcionalidades.

Para o configurar, começará tal como faria com qualquer Apple Watch; se estiver a utilizar um Apple Watch antigo para este efeito, terá de o repor na fábrica.

Quando ligar o Apple Watch para emparelhar o relógio, deverá selecionar Configurar para um membro da família.

Em seguida, é apresentada uma caixa sobre o que é a Configuração da família.

Depois de concordar com os termos e emparelhar o relógio, ser-lhe-á pedido que escolha o membro da família que está a utilizar o dispositivo. Se não os vir, toque em Adicionar novo membro da família.

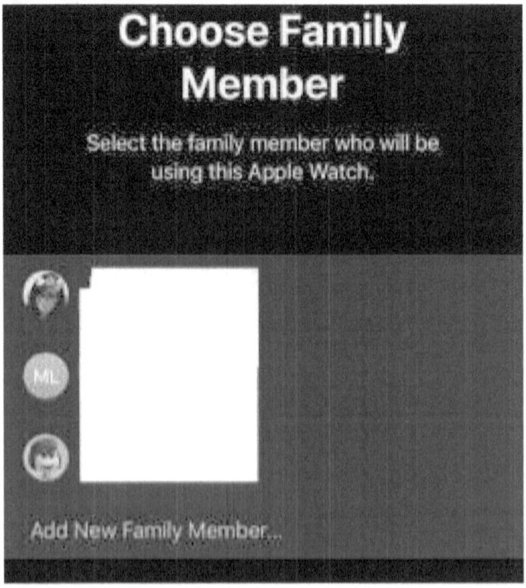

Se estiver a adicionar alguém novo, haverá uma série de passos que terá de completar. Serão apenas perguntas sobre o que está a partilhar e o que será ativado.

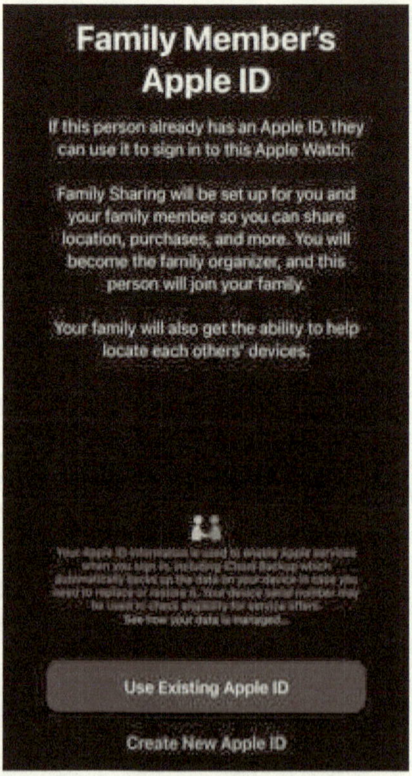

Uma funcionalidade muito interessante da Configuração de família é o Apple Cash Family, que permite partilhar o Apple Pay com esse membro da família; assim, pode dar-lhe acesso a 20 dólares que pode utilizar para comprar comida ou qualquer outra coisa; funciona como o Apple Pay no telemóvel - o utilizador encosta o relógio a um leitor de cartões que o aceite e o dinheiro é levantado.

A última coisa que lhe será perguntada é sobre a ativação do Tempo de escola; falarei sobre o Tempo de escola na próxima secção, mas se quiser definir um horário, é aqui que o pode fazer.

TEMPO DE ESCOLA

Se tiver a Configuração da família no dispositivo de uma criança, pode utilizar o Tempo de escola para criar horários - assim, por exemplo, pode dizer que das 9 às 3 horas liga o Tempo de escola; durante este período, o relógio terá funcionalidades limitadas, pelo que a criança não pode jogar enquanto estiver a estudar.

A criança pode sair brevemente do modo Schooltime para verificar coisas como mensagens, rodando a Digital Crown e confirmando que quer sair. O telemóvel volta a ligar-se automaticamente quando a criança terminar. Poderá também ver um histórico completo de quando o desligou e durante quanto tempo.

O Schooltime é compatível com o Apple Watch Series 4 e superior (e com o Apple Watch SE), por isso, se quiser dar um relógio mais antigo ao seu filho enquanto compra um novo, certifique-se de que é um 4 e superior - para tirar o máximo partido das suas funcionalidades, também quer ter o modelo com rede móvel. Se só tiver o modelo Wi-Fi pode "tecnicamente" continuar a utilizá-lo, mas não terá a maioria das funcionalidades principais - nomeadamente um número de telefone para o dispositivo.

Se decidir dar ao seu filho um relógio mais antigo para a Configuração para a família, terá de o repor na fábrica e configurá-lo como um novo dispositivo.

Para configurar um horário escolar, abra a aplicação Watch no iPhone e, em seguida, toque no relógio do seu filho; se não o vir, é provável que ainda não tenha configurado a Configuração da família, pelo que deve consultar essa secção para saber como. Em seguida, toque em Hora de escola e seleccione Editar horário. A partir daqui, pode escolher os dias e as horas em que pretende que o relógio esteja ativo - também pode adicionar intervalos, por isso, se quiser que o aluno tenha acesso total ao relógio durante o recreio, pode editá-lo aqui. Se precisar de alterar o horário, siga os passos acima, mas toque no botão de informação junto ao relógio gerido e toque em Schooltime (Hora escolar) e Edit Schedule (Editar horário).

Se não tiver efectuado uma Configuração da família para o dispositivo, mas continuar a gostar da ideia do modo, pode activá-lo manualmente deslizando para cima e tocando no pequenote que levanta a mão. Pode desligá-lo da mesma forma.

Para utilizar o Schooltime no seu próprio Apple Watch, precisa do WatchOS 7 ou posterior.

PARTILHAR É CUIDAR

Pode partilhar rostos de observadores rapidamente, mas não é tudo. A partilha de fotografias também é feita com apenas alguns toques. Aceda à aplicação Fotografias, encontre a fotografia que pretende partilhar e abra-a; toque na fotografia e verá um ícone de partilha.

Pode partilhá-lo por texto, e-mail ou até criar um mostrador de relógio com ele.

Também pode fazer isto com a música que está a tocar.

Modo noturno

O modo noturno é exclusivo do Apple Watch Ultra; inverte as cores para criar uma experiência não tão brilhante e mais fácil de ler e gerir o tempo.

Em ambientes com pouca luz, pode rodar a coroa digital para a ativar.

Embora o modo não esteja presente no relógio normal, existe um modo de mesa de cabeceira no Apple Watch normal para utilizar o relógio para ver as horas na mesa de cabeceira.

Sirene SOS

A Sirene SOS só está disponível no Apple Watch Ultra. Tal como a sirene do iPhone, a sirene, quando activada, fará com que o relógio emita uma sirene alta que pode ser ouvida a mais de 150 metros de distância!

Para ativar, mantenha o botão de ação premido até ser ativado.

[8]

QUE OUTRAS COISAS DEVO SABER ?

Este capítulo abordará:

- Acessibilidade características
- Como cuidar do Apple Watch
- Como repor o Apple Watch
- Como atualizar o Apple Watch

Como todos os produtos Apple, o Apple Watch tem funcionalidades de acessibilidade para ajudar as pessoas com deficiência.

Funciona de forma muito semelhante ao iPhone; para aceder às funcionalidades, vá à aplicação Apple Watch no iPhone, depois a Meu relógio, depois Geral e, por fim, Acessibilidade.

VoiceOver

VoiceOver ajuda-o a utilizar o relógio mesmo que não o consiga ver. Lê tudo o que está no relógio para si. Pode activá-lo indo à aplicação Definições no ecrã inicial do dispositivo, depois Geral, Acessibilidadee, por fim, VoiceOver.

Quando o VoiceOver está ativado, pode mover o dedo pelo ecrã e ouvir o nome de cada item em que toca. O VoiceOver também utiliza gestos diferentes; pode voltar atrás utilizando dois dedos para desenhar uma forma de "Z" no ecrã. Para abrir uma aplicação, basta tocar duas vezes na mesma em vez de tocar uma vez. Para que o VoiceOver pare de ler o que está no ecrã, toque no ecrã com dois dedos; toque novamente com dois dedos para retomar a reprodução.

Quando configurar o seu relógio pela primeira vez, pode utilizar o VoiceOver também. Quando ligar o relógio pela primeira vez, prima o botão lateral; depois de o ligar, faça um triplo clique no botão Digital Crown botão.

ZOOM

O relógio tem um ecrã pequeno - talvez até mais pequeno do que pensava - pelo que é compreensível que queira o ecrã um pouco maior. Se for esse o caso, aceda à aplicação Definições e, em seguida, active Geral, Acessibilidadee Zoom.

Para aumentar ou diminuir o zoom quando o Zoom está ativado, deve tocar duas vezes no ecrã com dois dedos. Para deslocar o ecrã, arraste-o com dois dedos.

TEXTO EM NEGRITO

Colocar o texto em negrito é outra forma de tornar a leitura do texto no ecrã um pouco mais fácil. Pode colocar o texto em negrito indo à aplicação Definições no ecrã inicial, tocando em Geral e Acessibilidade e activando a opção Texto em negrito; o relógio terá de ser reiniciado para que esta opção entre em vigor.

MANUSEAMENTO

REMOÇÃO AS BANDAS

Para mudar uma bracelete, prima o botão de libertação da bracelete no Apple Watch e faça deslizar a bracelete para o outro lado e, em seguida, coloque a nova bracelete. Nunca se deve forçar uma bracelete na ranhura, pois pode ficar presa.

Recomenda-se que a banda seja ajustada de forma a ficar próxima da pele, mas não tão apertada que aperte o pulso.

Carro da bandae

A Apple recomenda a limpeza das partes de couro das pulseiras com um pano não abrasivo que não solte fiapos e, se necessário, umedecido com água. A pulseira não deve ser fixada ao relógio durante a limpeza. Após a limpeza, deixe a pulseira secar antes de voltar a colocá-la no relógio. Não guarde o couro sob a luz direta do sol, nem em temperaturas elevadas ou humidade elevada; também não deve mergulhar o couro em água, pois não é resistente à água.

Para todas as outras faixas, a Apple recomenda a limpeza da mesma forma, mas a faixa deve ser seca com um pano não abrasivo e que não solte fiapos.

Um pouco mais avançado

Forçar o reinício o Apple Watch

Em casos muito raros, o Apple Watch pode congelar ou ter de ser reiniciado à força. Se isto acontecer, mantenha premido o botão lateral e o botão Digital Crown ao mesmo tempo durante dez segundos. Quando o logótipo da Apple aparecer, pode soltar.

Repor as definições do relógio

Se quiser repor as definições do relógio e deixá-lo como novo (lembre-se de que isto apaga tudo), vá à aplicação Definições a partir do ecrã inicial, depois vá a Geral, Repor e, por fim, Apagar todo o conteúdo e definições. Depois de reposto, terá de o emparelhar novamente com o telemóvel. Certifique-se de que faz isto se alguma vez vender ou oferecer o seu relógio ou telemóvel, uma vez que as suas informações vitais (como cartões de crédito) ficarão disponíveis para essa pessoa se não o fizer.

Obter o ADN do seu relógio

Se precisar de saber qual é o número do modelo do seu relógio, qual é a versão do software, qual é o número de série ou qual é a capacidade, aceda à aplicação Definições a partir do ecrã inicial e, em seguida, Geral e Acerca de.

Atualização Software do Apple Watch

Tal como no iPhone e no iPad, as actualizações do software do Apple Watch são feitas através do ar, o que significa que não é necessário ligar nada.

Para ver se existe uma atualização, abra a aplicação Apple Watch no iPhone, toque em O meu relógio, Geral e, por fim, em Actualizações de software. A aplicação diz-lhe se existe uma atualização e, depois, basta seguir os passos. As actualizações não são muito frequentes - normalmente, apenas algumas vezes por ano.

[9]
Acessórios para relógios

Braceletes e acessórios para relógios

O que é um relógio sem a sua bracelete? Ao contrário das braceletes tradicionais, o Apple Watch facilita imenso a troca de braceletes. E, ao contrário de qualquer outro produto Apple, tem muitas opções; normalmente, um produto Apple vem em duas ou três cores, mas com os relógios há várias dezenas de formas de misturar e combinar.

Segue-se um guia de todas as diferentes opções que tem à sua disposição. (Nota: quando comprar uma bracelete, lembre-se de que uma bracelete de 42 mm não será compatível com um relógio de 38 mm ou vice-versa). Salvo indicação em contrário, todas as braceletes estão disponíveis em 38 e 42 mm. Algumas braceletes não são de tamanho único.

Bandas e acessórios oficiais

Loop a solo

Algumas pessoas não são fãs de fivelas de relógio; se é o seu caso, então o Solo Loop pode ser uma boa opção. É feito de uma borracha extensível, pelo que é fácil de colocar. Está disponível em vários tamanhos e é aconselhável tirar as medidas antes de o comprar para garantir o melhor ajuste.

Laço solo entrançado

O Braided Solo Loop é semelhante ao Solo Loop, mas tem um aspeto entrelaçado. Também desliza sobre o pulso, pelo que não tem fivelas.

BANDA DESPORTIVA

Está disponível em preto, cinzento espacial, branco, cor-de-rosa, azul e verde. A banda é obviamente a melhor para fazer exercício; é também a banda mais barata disponível. É feita de fluoroelastómero, uma borracha sintética conhecida pelo seu bom desempenho no calor. Como esta banda não é de tamanho único, a tabela abaixo ajuda-o a fazer a escolha certa:

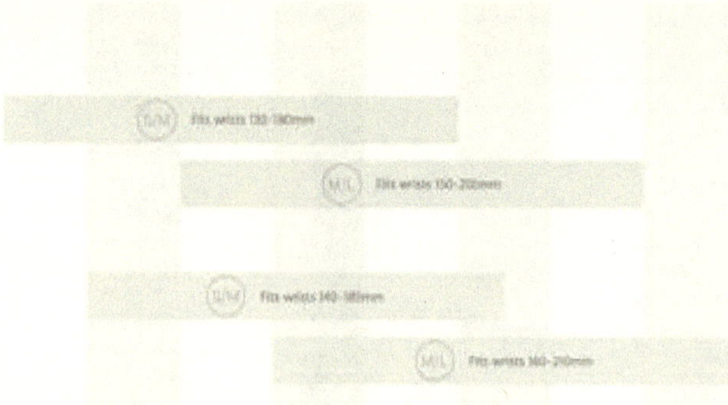

FIVELA CLÁSSICA

Esta pulseira é feita de couro holandês proveniente de uma fábrica de curtumes nos Países Baixos. A maçã promete que o moinho lhe dá uma textura distinta. O fecho é feito de aço inoxidável.

LOOP MILANÊS

A Apple diz que a inspiração para esta pulseira de malha de aço inoxidável foi uma pulseira de malha da Milão do século XIX. A pulseira é completamente magnética e fácil de colocar.

FIVELA MODERNA

Três tamanhos: pequeno, médio e grande.

Está disponível em castanho, preto, cor-de-rosa e azul-noite. O couro para esta pulseira deslumbrante vem de uma fábrica de curtumes francesa fundada em 1803. Quais são as diferenças entre a pulseira moderna e a clássica? O couro é ligeiramente diferente, mas a diferença mais notória é a fivela. A clássica é uma correia com orifícios; a moderna é uma correia magnética que ajuda a obter um ajuste mais preciso. Uma vez que esta bracelete não é de tamanho único, a tabela abaixo ajuda-o a fazer a escolha certa:

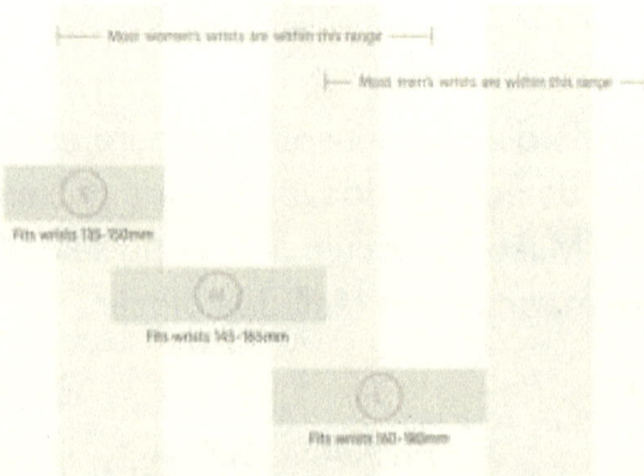

PULSEIRA DE ELOS

Uma das braceletes mais caras e complexas, esta bracelete em aço inoxidável tem mais de 100 peças. A Apple afirma que o trabalho artesanal é tão complexo que são necessárias nove horas para montar uma única caixa. O fecho magnético é de tamanho único.

Laço de couro

Apenas disponível para a bracelete de 42 mm.

Está disponível em pedra, castanho claro, azul brilhante e preto. Feita em pele Venezia e fabricada à mão em Arzignano, Itália, esta pulseira tem um toque suave e dourado. A argola magnética é fácil de colocar. Como esta pulseira não é de tamanho único, a tabela abaixo ajuda-o a fazer a escolha certa:

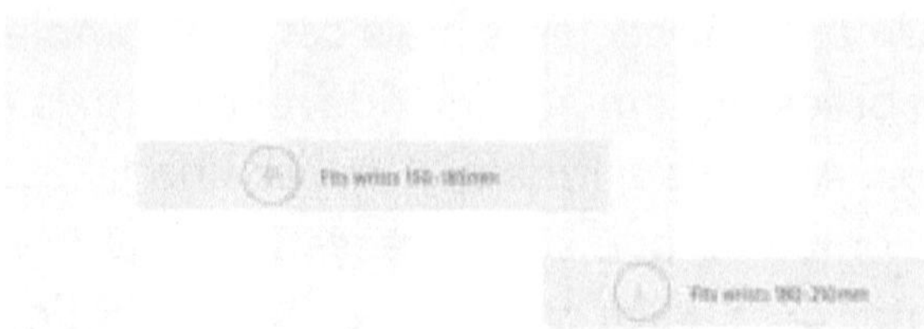

CABO DE CARREGAMENTO MAGNÉTICO PARA APPLE WATCH CABO

($29 para o cabo de 1m; $39 para o cabo de 2m)

A Apple só anunciou um acessório oficial para o Apple Watch, que é um carregador extra (um é fornecido gratuitamente com o relógio).

ÍNDICE

V

W

Y

Z

Sobre o Autor

Scott La Counte é bibliotecário e escritor. O seu primeiro livro, Quiet, *Please: Dispatches from a Public Librarian* (Da Capo 2008) foi a escolha do editor para o Chicago Tribune e um título Discovery para o Los Angeles Times; em 2011, publicou o livro YA The N00b Warriors, que se tornou um bestseller n° 1 da Amazon; o seu livro mais recente é *#OrganicJesus: Finding Your Way to an Unprocessed, GMO-Free Christianity* (Kregel 2016).

Escreveu dezenas de guias de instruções sobre produtos tecnológicos que são best-sellers. Ensina UX Design na UC Berkeley e escrita no Gotham Writers Workshop.

Pode contactar com ele em ScottDouglas.org.